수학 두뇌 계발 게임 MATHS QUEST
미로 저택의 비밀

MATHS QUEST : THE MANSION OF MAZES

Copyright © QED Publishing 2011

All rights reserved.
Korean translation copyright © 2014 by RH Korea Co., Ltd.
Korean translation rights arranged with QED Publishing, a Quarto Group company through EYA(Eric Yang Agency).

이 책의 한국어 판 저작권은 EYA(에릭양 에이전시)를 통해 QED Publishing과 독점계약한
'(주)알에이치코리아'에 있습니다. 저작권법에 의하여 한국 내에서 보호를 받는 저작물이므로
무단전재와 복제를 금합니다.

수학 두뇌 계발 게임
MATHS QUEST

미로 저택의 비밀

데이비드 글러버 글 · 팀 허친슨 그림
어린이를 위한 수학교육연구회 옮김

주니어 RHK

미로 저택에 들어가기 전에

미로 저택에 들어갈 준비가 되었나요? 사실 저택에 들어갔다가 어떻게 될지는 아무도 모른답니다. 수많은 우여곡절을 겪으며 흥미진진한 사건과 퍼즐을 해결해야 하거든요. 하지만 사건 해결하는 것과 퍼즐 푸는 것을 즐긴다면 아무 문제없을 거예요!

이 책은 다른 책과 좀 달라요. 1쪽, 2쪽, 3쪽의 쪽수 차례대로 읽는 책이 아니거든요. 이야기에서 지시하는 대로 앞으로 뒤로 왔다 갔다 하면서 읽어야 해요. 때로 길을 잃을지도 몰라요. 그러나 이야기는 곧 가야 할 곳으로 안내할 거예요.

이야기는 6쪽부터 시작해요. 책을 펼치면 곧바로 해결해야 하는 문제가 나오고, 이 책을 펼친 여러분은 문제의 해결 방법을 선택해야 하지요. 선택 방법은 다음과 같아요.

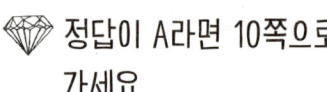 정답이 A라면 10쪽으로 가세요.

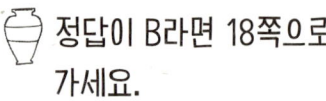 정답이 B라면 18쪽으로 가세요.

여러분이 할 일은 각 문제를 해결하고 바르게 선택하는 거랍니다. 정답이 A라고 생각한다면 10쪽으로 가서 💎 모양을 찾아요. 그럼 그곳에서 다음으로 이어지는 이야기와 사건 해결의 단서, 문제를 만날 수 있을 거예요.
하지만 잘못 선택하면 어떻게 될까요?

걱정 마세요! 책은 여러분이 어느 부분에서 잘못했는지를 설명해 주고, 다시 해결할 수 있는 곳을 알려 줄 테니까요.

미로 저택 곳곳에 숨어 있는 문제는 모두 도형, 공간, 측정에 대한 것이에요. 문제를 풀기 위해 선, 각, 측정에 대한 지식을 활용해야 하지요.

저택을 돌아다니면서 여러분은 문제를 풀 수 있는 중요한 단서를 찾아낼 수 있을 거예요. 찾아낸 도형이나 물건은 꼭 기록해 놓으세요. 그래야 필요할 때 쓸 수 있어요!

책 뒷부분에는 사건 해결에 필요했던 문제 해결의 실마리 정보가 가나다순으로 정리되어 있답니다.

자, 이제 미로 저택에 들어가 볼까요? 그럼 다음 쪽을 펼쳐서 비밀을 파헤쳐 봅시다!

어느 추운 겨울날, 112로 범죄 신고가 들어왔어요. 미로 저택에서 보석과 그림이 사라졌다는 것이었지요. 복도에는 발자국이 남아 있었지만 보석과 그림을 훔친 도둑이 들어왔다가 나간 흔적은 없었어요. 난감해 하던 경찰은 논리적인 판단과 추리에 뛰어나며, 특히 수학 지식을 활용해 명쾌하게 사건을 해결하는 당신에게 이 사건을 의뢰했습니다. 당신의 수사 기술로 이 사건을 해결할 수 있을까요?

당신이 도착했을 때, 음산한 미로 저택 뒤에는 커다란 보름달이 떠 있고 올빼미 한 마리가 신경질적으로 울고 있었어요. 당신은 추리 소설에나 나올 법한 분위기에 긴장이 되어 몸이 살짝 떨렸지요. 저택의 문을 열자 문이 삐거덕 소리를 내며 열렸어요. 긴장을 가라앉히고 마음을 진정시킨 당신은 발을 내딛어 천천히 저택 안으로 들어갔어요.

당신은 미로 저택에 숨어 있는 교활한 도둑의 비밀을 밝히기 위해 방과 복도에서 여러 가지 단서를 찾아야 해요.

 도전할 준비가 되었다면 77쪽으로 가세요.

아직 확실하지 않다면 86쪽으로 가세요.

수직이 뭔지 알고 있군요! 수직이라는 말은 '직각의', '90도의'라는 뜻이에요. 이 길은 당신이 오던 방향에서 수직, 즉 직각인 90도로 꺾여 있는 길이에요. 다른 길은 당신이 가던 방향에서 45도 각도에 있어요.

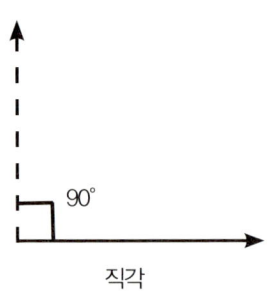

직각

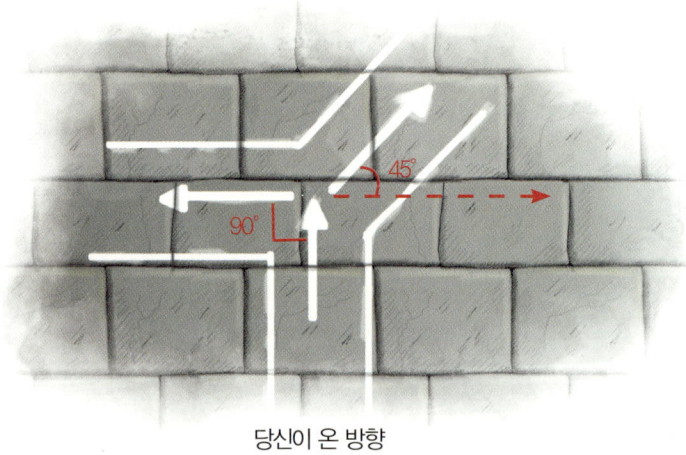

당신이 온 방향

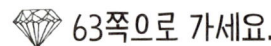 63쪽으로 가세요.

왼쪽 길을 선택했군요. 정답입니다! 걷다 보니 저 멀리 나무로 둘러싸인 작은 건물이 보여요. 지금 당신은 왼쪽 길을 따라와 정원에 도착했어요. 당신은 얼핏 불빛을 본 것 같아 뒤쪽의 저택을 돌아봤어요. 탑의 꼭대기 창문에 불이 켜져 있어요!

 46쪽으로 가세요.

침실에서 단서를 더 찾아볼까요?

침대 옆쪽에 있는 문이 조금 열려 있군요. 문틈으로 불빛이 새어 나와요. 누가 있을지도 모르기 때문에 당신은 살금살금 다가가 문틈으로 안쪽을 살펴봤어요.

그곳은 침실에 달려 있는 작은 욕실이에요. 세면대는 조금 전까지 누가 사용하다 급하게 일을 마치고 그대로 나가 버렸는지 지저분해요. 세면대 위쪽에 머리 염색약과 이발기가 놓여 있고, 세면대 안쪽에 가위가 있어요. 붉게 물들여서 잘라 낸 머리칼이 세면대 여기저기에 흩어져 있네요. 대체 뭘 했던 걸까요?

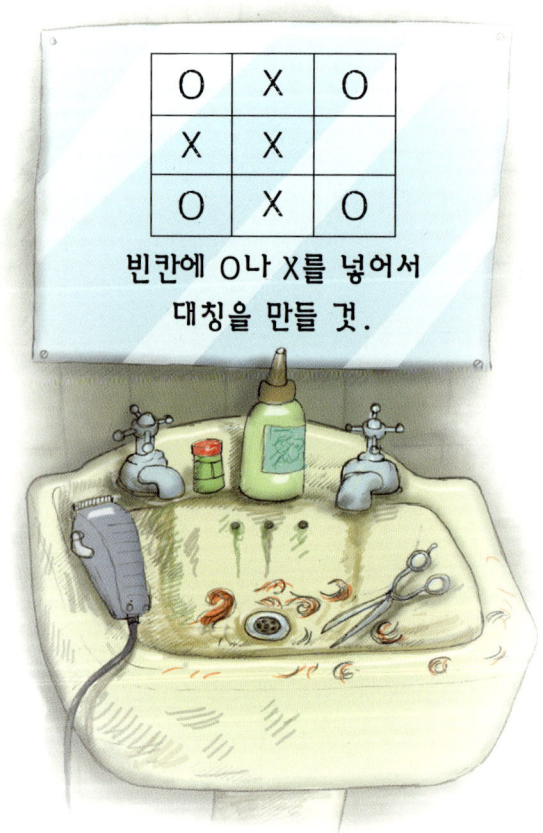

어? 세면대 위에 걸린 거울에 뭔가 쓰여 있어요. 당신은 그것을 더 자세히 보기 위해 욕실로 들어갔지요. 거울에 서린 수증기에 누군가 O와 X를 그려 넣은 아래와 같은 도표가 있어요. 그리고 도표 밑에는 '빈칸에 O나 X를 넣어서 대칭을 만들 것.'이라는 글이 적혀 있군요.

O	X	O
X	X	
O	X	O

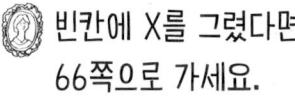 빈칸에 X를 그렸다면 66쪽으로 가세요.

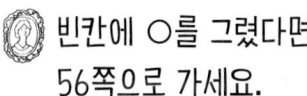 빈칸에 O를 그렸다면 56쪽으로 가세요.

당신은 안내문의 지시대로 손잡이를 한 바퀴 완전히 돌렸어요. 맞아요, 한 바퀴는 360도이지요. 압력은 점차 내려갔고, 무시무시한 소리를 내던 보일러는 조용해졌어요.

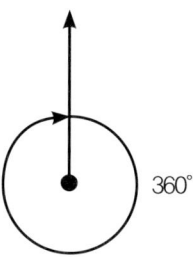

 30쪽으로 가세요.

당신은 B 책을 펼쳤어요. 책장을 조금 넘기자 열쇠 모양으로 두꺼운 책장을 잘라 내고 비밀 공간을 만들어 놓은 걸 발견했어요. 거기에는 금속으로 된 커다란 열쇠가 들어 있었지요. 이것은 도서관 금고에서 찾아냈던 편지에서 말한 열쇠가 틀림없어요!

당신은 제시된 문제를 정확히 해결했어요. 이제 열쇠를 가방에 넣어 두었다가 필요할 때 꺼내 쓰면 돼요.

 36쪽으로 가세요.

당신은 '지하실'이라고 쓰여 있는 문을 열었어요. 문 밑으로 내려가는 계단에는 발자국이 찍혀 있었지요. 도둑이 이 아래에 있을지도 몰라요!

지하실은 쥐가 갉아먹었는지 금속선이 다 드러난 낡아 빠진 전선을 따라 전구가 매달려 있었어요. 전구가 켜져 있었지만, 불빛이 깜빡거려 내부가 뿌옇게 보이는 바람에 왠지 더 으스스했어요. 침을 꼴깍 삼키고 막 계단을 내려가려고 한 걸음을 내딛었을 때 당신은 첫 번째 계단에서 편지 위에 놓인 두툼한 실타래를 발견했지요. 당신은 실타래를 가방에 넣고 편지를 읽었어요.

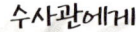

수사관에게

이 지하실은 미로입니다. 당신은 다음 지시 사항을 따라야 합니다. 보일러실에 도착하면 그곳에 숨겨진 도형을 찾으십시오. 또 길을 밝히려면 평면과 모서리가 없는 도형이 필요합니다. 길을 따라가며 단서를 찾고 돌아오는 길을 찾을 때 실을 이용하면 됩니다.

당신의 친구가

추신 - 조심하십시오. 범인들은 미노타우로스를 풀어놓았습니다.

고대 그리스 로마 신화에 나오는 미로 속의 미노타우로스는 사람의 몸과 황소의 머리를 한 괴물이지요. 설마 이 밑에 그런 괴물이 있을까요?

당신은 고개를 절레절레 저으며 실타래 끝에 나와 있는 실을 문 손잡이에 묶은 다음 계단을 내려갔어요.

내려가면서 조심스럽게 실을 풀었지요. 그런데 어쩐지 당신 뒤를 따라오는 가벼운 발자국 소리를 들은 것 같아요. 잘못 들은 모양이라고 생각한 당신은 천천히 앞으로 나아가지요.

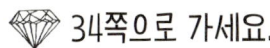 34쪽으로 가세요.

당신은 밀가루의 무게를 측정하기 위해 필요한 추를 잘 선택했어요. 메모되어 있는 무게 0.5kg의 밀가루를 얻으려면 저울이 수평을 이룰 때까지 밀가루를 부으면 돼요.

 65쪽으로 가세요.

이 길이 맞아요! 길을 따라 걸어가니 점점 따뜻해져요. 수증기가 쉭 하고 나오는 소리랑 불꽃이 이글거리는 소리가 들리네요. 지하실로 내려올 때 처음 발견한 편지에 쓰여 있었던 보일러실인 것 같아요. 거기에는 또 다른 단서가 있을 거예요.

 73쪽으로 가세요.

당신은 어두운 곳으로 사다리를 타고 내려갔어요. 빛이 아예 안 들어오는지 한 치 앞도 볼 수 없을 정도로 깜깜했어요. 그래서 당신은 사다리를 내려가면서 사다리의 개수를 세기 시작했지요. 20칸 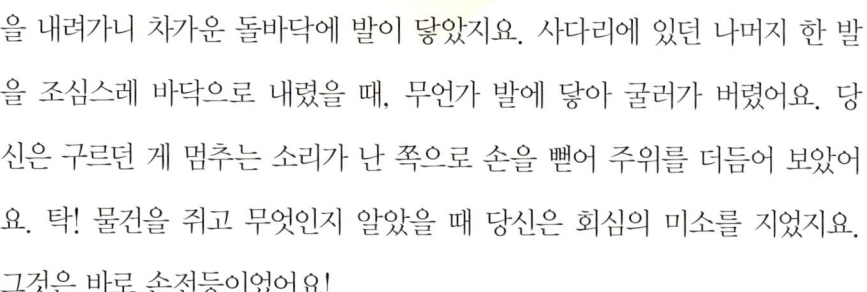을 내려가니 차가운 돌바닥에 발이 닿았지요. 사다리에 있던 나머지 한 발을 조심스레 바닥으로 내렸을 때, 무언가 발에 닿아 굴러가 버렸어요. 당신은 구르던 게 멈추는 소리가 난 쪽으로 손을 뻗어 주위를 더듬어 보았어요. 탁! 물건을 쥐고 무엇인지 알았을 때 당신은 회심의 미소를 지었지요. 그것은 바로 손전등이었어요!

기쁜 마음에 당신은 얼른 전원을 눌러 손전등을 켰어요. 그때였어요. 지하실 문이 순식간에 닫혀 갇히고 말았어요!

 82쪽으로 가세요.

 당신은 주변에 새로 구운 빵이 있는지를 찾기 위해 빵 냄새를 따라 걸음을 옮겼어요. 마침내 도착한 곳은 '식품 저장고'라고 쓰인 문 앞이었지요. 문을 열고 들여다보자 그곳에는 신선한 빵이 잔뜩 있었어요. 그중 빵 한 덩이에 베어 먹은 자국이 있었지요. 도둑은 맛있는 냄새가 나는 따뜻한 빵을 그냥 지나칠 수 없었나 봐요.

그런데 베어 먹은 자국이 어딘가 이상해요. 모양을 가만히 살펴보니 이 빵을 먹은 범인은 이가 하나 빠진 모양이에요. 부엌 문에서 발견한 편지에 쓰인 '이가 빠진 흔적'이 바로 이것인가 봐요. 이 빵을 도둑 중 하나가 먹었다면 도둑은 이가 하나 없는 것이지요! 당신은 잇자국이 난 빵을 증거로 쓰려고 가방에 넣었어요.

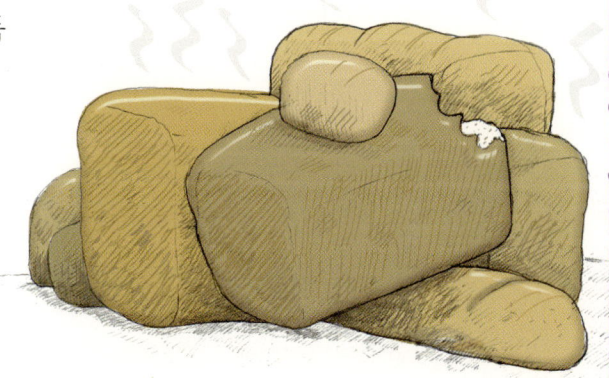

🔮 **109쪽으로 가세요.**

A의 가운데 있는 돌이 느슨하게 끼워져 있군요. 당신은 손가락 끝으로 그 돌을 끄집어냈지요. 돌을 꺼낸 작은 공간에 꼬깃꼬깃한 쪽지 한 장이 있었어요. 누군가 숨겨 놓은 모양이에요. 쪽지에는 이런 내용이 적혀 있었어요.

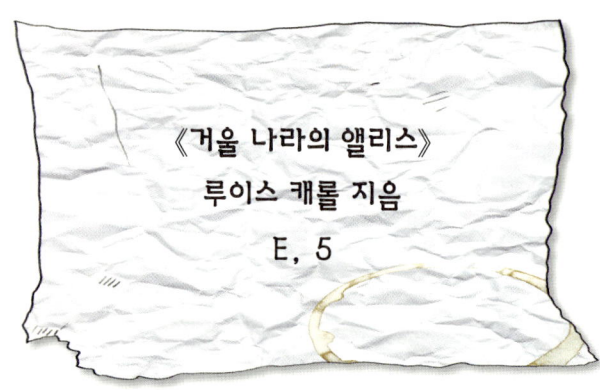

《거울 나라의 앨리스》
루이스 캐롤 지음
E, 5

책 제목과 글쓴이 이름이에요!
그런데 E, 5는 무엇일까요? 암호일까요?

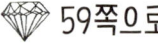 59쪽으로 가세요.

당신은 직각이 조금 못 되게 오른쪽으로 돌아섰어요. 그리고 얼마 후 막다른 골목에 다다랐지요. 허탕을 쳐 착잡한 기분으로 돌아서니 엄청난 위기 상황에 맞부닥쳤어요. 입이 엄청나게 크고 반짝이는 초록 눈을 가진 커다란 개가 길을 가로막고 있었지요. 당신은 이 개가 바로 편지에 쓰여 있던 미노타우로스라는 걸 깨달았어요. 털이 짧고 몸집이 큰 불 마스티프 종의 개는 마치 신화에 나오는 괴물 같았어요!

그때 당신 뒤에서 단호한 으르렁 소리가 났어요. 으르렁거리는 소리가 더 커지자 무섭게만 보였던 미노타우로스가 꼬리를 말고 도망가지 뭐예요!

당신은 방향을 잘못 선택했어요. 둔각은 90도에서 180도 사이에요. 그런데 당신은 90도보다 작은 예각만큼 돌아섰지요. 실을 따라 아까 그 지점으로 돌아가야 해요.

 93쪽으로 가세요.

당신은 X 통로를 따라갔어요. 바닥에는 발자국이 찍혀 있어요. 맞는 방향인가 봐요. 통로 끝에서 문이 나왔고, 문을 열자 나선형 계단으로 연결되어 있었지요. 탑의 맨 꼭대기에 불이 켜진 것을 본 당신은 얼른 계단을 올라갔어요.

당신은 지금까지 수학 지식을 활용하여 수사하는 데 익숙해져서 그런지 문득 올라가면서 계단을 세어 보고 싶어졌어요. 하나, 둘, 셋……. 정확히 스물여덟 개군요. 계단의 끝은 또 다른 문과 이어져 있었어요. 문에 핀으로 고정된 편지가 있어 당신은 편지를 떼어 읽었어요.

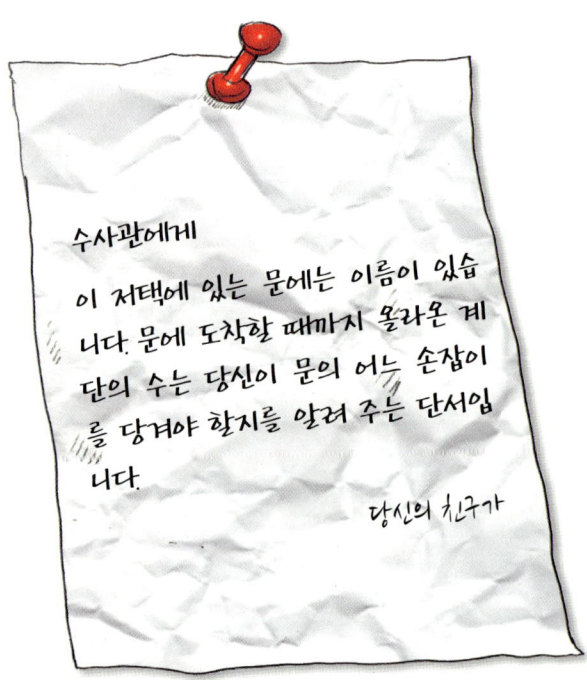

문에는 손잡이가 두 개 있는데 하나는 '1월'이라고 적혀 있고, 다른 하나는 '2월'이라고 적혀 있었지요.

 1월의 손잡이를 선택했다면 121쪽으로 가세요.

2월의 손잡이를 선택했다면 115쪽으로 가세요.

당신은 편지에서 말한 첫 번째 단서인 정삼각형을 찾기 위해 주변을 둘러봤어요. 도서관 내부를 눈으로 한 바퀴 훑자 벽난로 벽면에 새겨져 있는 도형이 눈에 띄었지요. 그리고 보니 도형이 새겨져 있는 부분은 도서관의 다른 곳처럼 먼지가 쌓여 있지 않았어요. 누군가 만졌다는 얘기지요! 당신은 더 가까이 다가가 도형을 관찰했어요. 도형은 모두 삼각형이에요. 이 중 하나만 정삼각형이에요. 정삼각형은 A, 아니면 B?

A가 정삼각형이라고 생각하면 104쪽으로 가세요.

 B가 정삼각형이라고 생각하면 108쪽으로 가세요.

 당신은 찬장에서 나오면서 밀가루 뿌린 바닥을 살펴봤어요. 조심스럽지 못한 도둑은 바닥에 선명한 왼쪽 발자국을 남겨 놓았지요. 당신은 재빨리 노트를 꺼내 할 수 있는 한 똑같이 발자국 모양을 그렸어요. 오호! 동물 발자국도 함께 있군요!

당신은 지금까지 찾은 걸 정리해 보았어요. 식품 저장고에 있는 빵에서 보석을 찾았고, 빵에 있는 잇자국으로 도둑이 이가 하나 없다는 걸 알아냈지요. 그리고 도둑의 발자국 모양. 당신은 미로 저택의 다른 곳에서 어서 빨리 다른 단서를 찾아 사건을 해결해야 해요. 가능한 빨리 저택의 중앙홀로 돌아가세요!

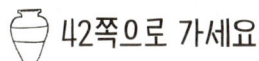 42쪽으로 가세요.

당신은 메모에 첫 번째로 쓰여 있는 소금이 있을 법한 것들을 찾아봤어요. 그러다 찬장 가장 아래 선반에서 양념 통 3개를 찾았지요. 그 옆에 메모가 또 있군요.

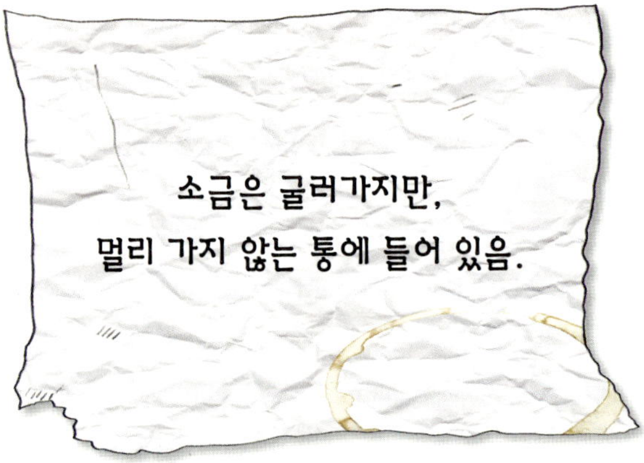

> 소금은 굴러가지만,
> 멀리 가지 않는 통에 들어 있음.

원기둥　　　직육면체　　　원뿔

당신은 메모를 보고 양념 통이 어떻게 굴러가는지를 확인하기로 했어요. 직육면체 모양 양념 통을 먼저 굴려 봤지요. 하지만 전혀 굴러가지 않아요.

원기둥 모양과 원뿔 모양을 굴렸어요. 이 중 하나는 직선으로 멀리 굴러갔지요. 그런데 다른 하나는 원을 그리며 굴러서 제자리로 돌아왔어요!

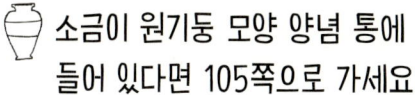 소금이 원기둥 모양 양념 통에 들어 있다면 105쪽으로 가세요.

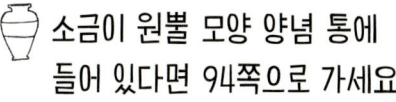 소금이 원뿔 모양 양념 통에 들어 있다면 94쪽으로 가세요.

당신은 계단을 365개까지 내려간 다음 멈추었어요. 마침 왼쪽에 문이 있군요. 저 문이 바로 그 문일 거예요! 그때 문 저쪽에서 목소리가 들렸어요. 당신은 잠깐 귀를 기울여 목소리가 들린 게 맞는지 확인한 후, 크게 심호흡을 하면서 문을 열고 들어갔어요. 당신 옆에 있는 바키메데스와 함께요.

124쪽으로 가세요.

2, 3, 1의 순서로 눌렀어요. 아무 일도 일어나지 않자 당신은 더 세게 눌렀지요. 그러자 갑자기 바닥 문이 확 열렸어요. 밑은 아무것도 보이지 않는 어두운 구덩이에요! 그 순간 어떤 강한 이빨이 당신의 신발을 물고 잡아당겨서 안전한 곳으로 옮겨 놓았어요. 그러자마자 지하실 바닥 문도 휙 움직여 쾅 하고 닫혔지요. 저택의 비밀을 지키고자 하는 함정 문인 모양이에요.

당신은 잘못된 순서로 누른 게 분명해요. 넓이는 도형이 덮고 있는 표면의 양을 뜻해요. 도형이 모눈 칸에 그려져 있다면 모눈 칸의 수를 세어서 넓이를 구할 수 있어요. 아래 그림처럼요.

 60쪽으로 가세요.

 당신은 보일러실의 다른 부분을 살펴봤어요. 한쪽 구석에 갈색 종이로 포장된 소포 더미가 있었지요. 포장된 모양이 도난 당한 그림과 비슷해요. 하지만 소포가 너무 많군요! 그때 당신은 소포 중 하나에 매달려 있는 편지를 발견했어요.

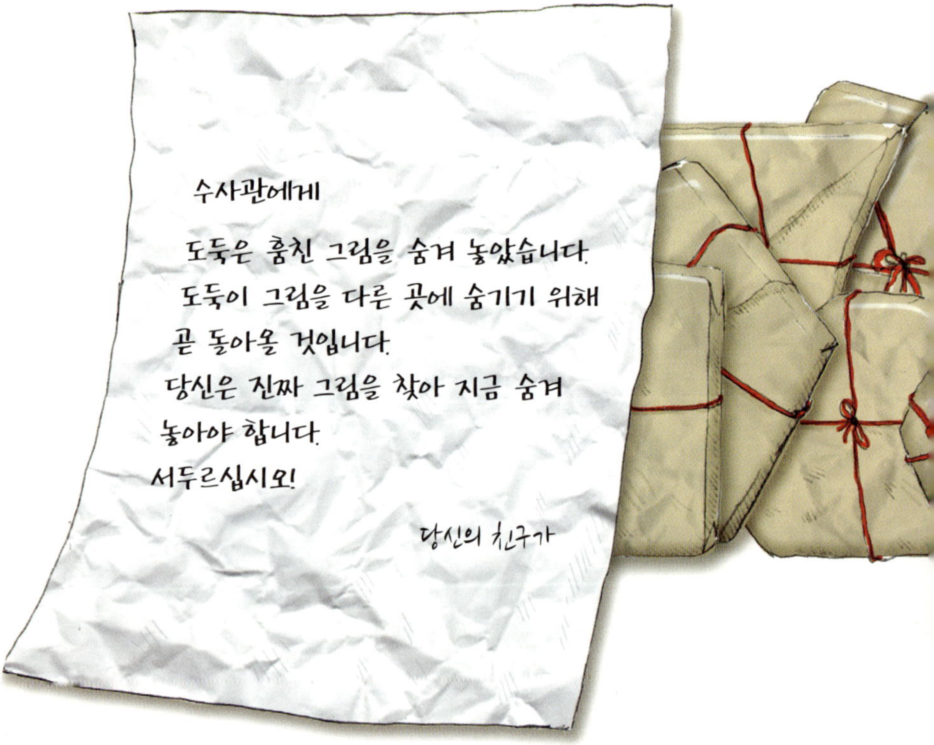

> 수사관에게
>
> 도둑은 훔친 그림을 숨겨 놓았습니다.
> 도둑이 그림을 다른 곳에 숨기기 위해 곧 돌아올 것입니다.
> 당신은 진짜 그림을 찾아 지금 숨겨 놓아야 합니다.
> 서두르십시오!
>
> 당신의 친구가

당신은 노트에 그림의 모양을 적었던 게 생각났어요. 노트에는 '정사각형, 직사각형, 육각형, 팔각형'이라고 적혀 있군요.

🕯️ 이 모양들을 선택했다면 110쪽으로 가세요.

🏺 이 모양들을 선택했다면 58쪽으로 가세요.

당신은 X칸의 왼쪽에 있는 책부터 꺼내기 시작했어요. 그러다 네 번째로 꺼낸 책이 바로 《거울 나라의 앨리스》였지요.

맞았어요! 올바른 선택이었답니다.

70쪽으로 가세요.

방은 비어 있었어요. 어디선가 사람 목소리가 들리더니 문이 쾅하고 닫혀 버렸어요. 곧이어 바닥에서 구르릉 소리가 나면서 돌바닥이 천천히 옆으로 밀리며 불구덩이가 나타났어요. 그때 바키메데스의 낑낑거리는 소리를 듣고 당신은 바키메데스 쪽으로 눈을 돌렸어요. 바키메데스는 문에 있는 나무판 하나를 물어서 공간이 생기도록 잡아당겨 놓았어요. 틈은 아주 좁았지만, 몸을 한껏 웅크리면 빠져나갈 수 있을 것 같았지요. 바키메데스와 당신은 그 틈으로 기어 나왔어요.

윤년은 평년보다 하루가 더해져 366일이에요. 그렇다면 평년은 며칠일까요? 보통 일 년은 며칠이라고 하지요?

 102쪽으로 가세요.

실을 풀면서 걸은 지 몇 분. 길이 두 개로 나뉘어졌어요. 어느 길로 가야 할까요? 어느 방향으로 갈지 고민하며 벽을 바라보는데 벽에 분필로 적혀 있는 글씨가 보였어요.

수직인 통로로 갈 것.

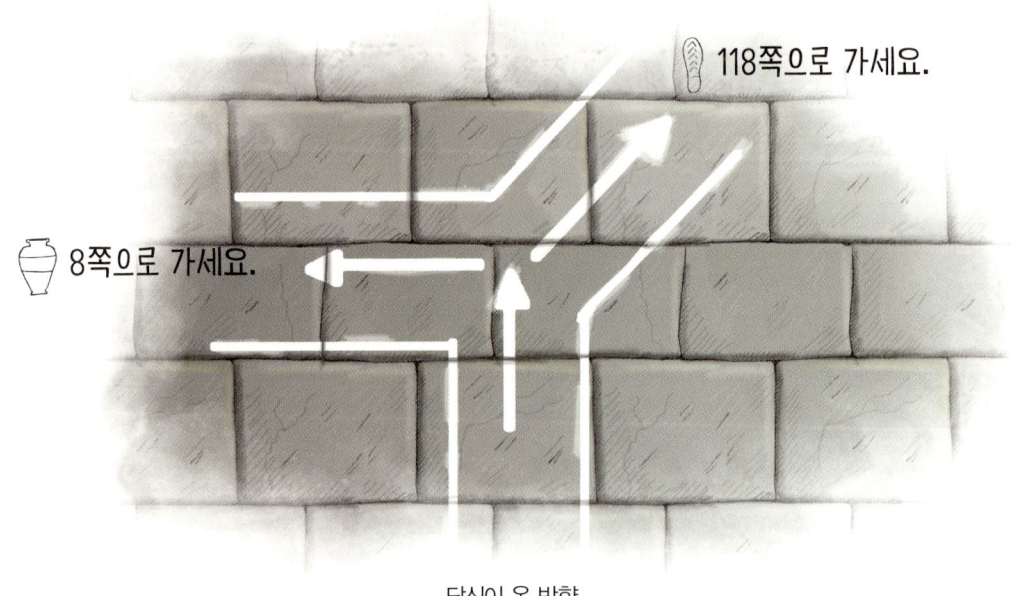

당신이 온 방향

이 방향이 맞아요! 둔각은 90도와 180도 사이의 각이에요. 다른 방향은 터널에서 90도보다 작은 예각이지요.

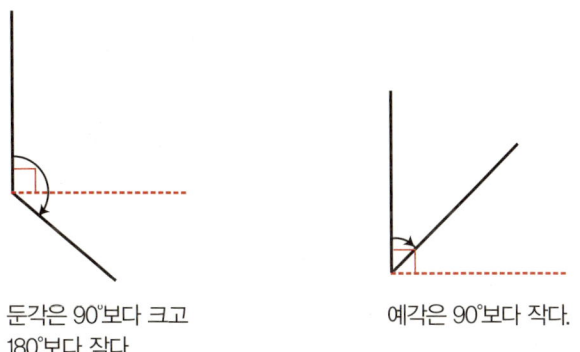

둔각은 90°보다 크고 180°보다 작다.

예각은 90°보다 작다.

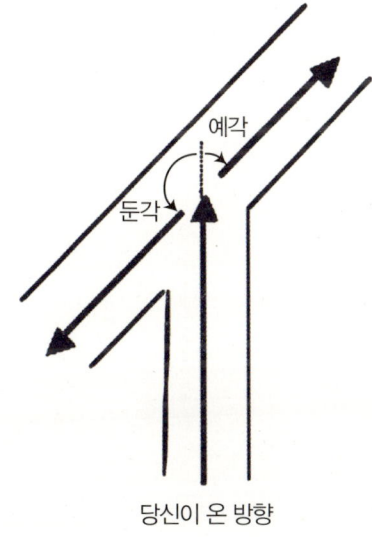

당신이 온 방향

 44쪽으로 가세요.

금고에 있던 편지 내용대로라면 당신은 열쇠를 찾았으니 이제 '고대의 모양'을 찾아야 해요. '고대의 모양'이 뭔지, 어떻게 찾아야 할지는 단서를 더 찾아야 하지요. 당신은 다시 뭔가 도움이 될 만한 것이 없나 도서관을 눈으로 휙 둘러보았어요. 그리고 도서관 가운데 떡 버티고 있는 커다란 책상으로 걸어갔지요. 책상에는 누가 보다가 급하게 달아났는지 도서관의 설계도가 쫙 펼쳐져 있었어요. 당신은 집중해서 설계도를 살펴보았어요. 문득 누군가 설계도 구석에 휘갈겨 써 놓은 글귀가 단서라는 걸 알아차렸어요!

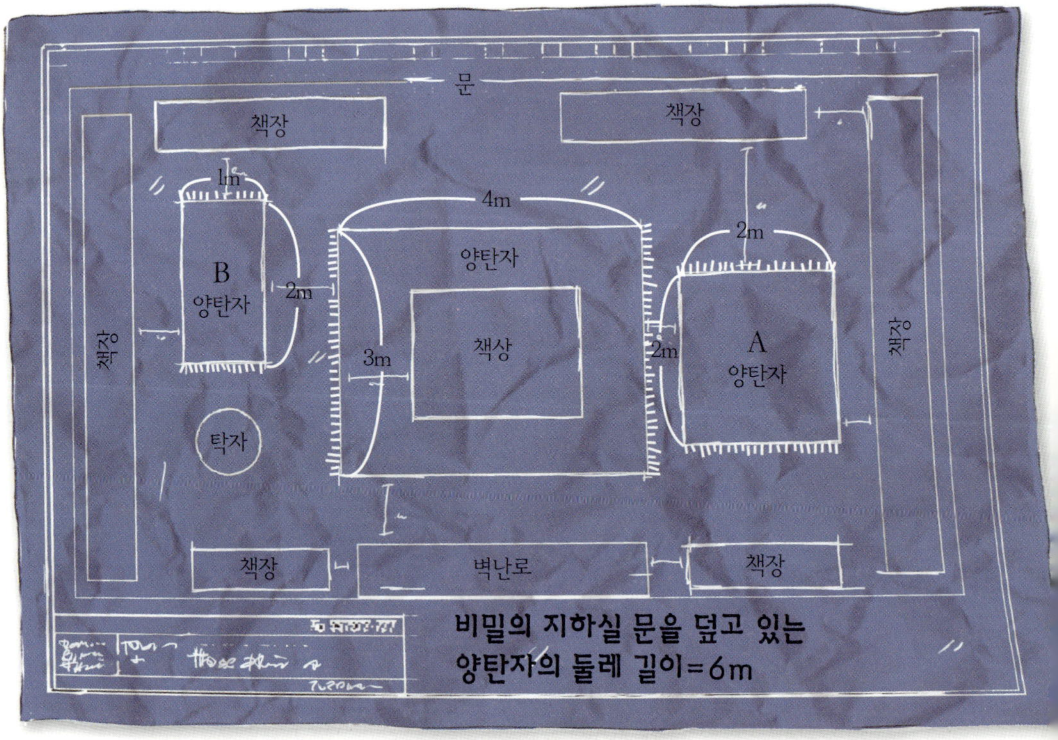

문
책장
책장
1m
4m
2m
B
양탄자
2m
양탄자
책상
3m
2m
A
양탄자
책장
책장
탁자
책장
벽난로
책장
비밀의 지하실 문을 덮고 있는
양탄자의 둘레 길이=6m

도서관 바닥에 지하실로 통하는 비밀의 문이 있군요! 분명히 여기에 뭔가 중요한 것이 숨겨져 있을 거예요. 설계도에 있는 어떤 양탄자 밑에 그 문이 숨어 있을까요?

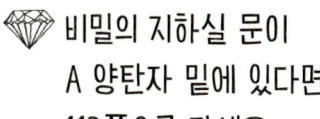

비밀의 지하실 문이
A 양탄자 밑에 있다면
113쪽으로 가세요.

비밀의 지하실 문이
B 양탄자 밑에 있다면
49쪽으로 가세요.

당신은 시계를 잘못 맞추었어요! 시계의 알람 소리가 귀가 따가울 정도로 시끄럽게 울리는데 아무리 찾아봐도 시계에 소리를 줄이거나 끌 수 있는 장치가 없어요. 도둑이 어디선가 이 소리를 듣고 달려올 거예요. 당신은 마음이 바빠져 이러지도 저러지도 못하고 있다가 '에라, 모르겠다.' 하는 생각으로 침대에서 베개를 가져다 베개 안에 시계를 넣었어요. 이제 다른 곳에서는 소리가 거의 들리지 않을 정도예요. 휴, 다행이군요.

다시 생각해 보세요. '1시 30분'은 '1시에서 30분이 지난 것'과 같아요.

◆ 52쪽으로 가세요.

당신은 조심스럽게 앞으로 가서 빨간색 미라 관의 뚜껑을 열었어요. 그러자 안쪽에 있던 붕대를 둘둘 감은 미라가 눈을 번쩍 뜨는 게 아니겠어요. 붉게 충혈된 눈으로 쏘아보며 뼈가 앙상한 손으로 당신을 잡아채려고 해요. 당신은 멍하니 미라에 홀린 채 꼼짝 않고 서 있는데 무언가 휙 지나가더니 관 뚜껑이 쾅 닫혔어요. 당신이 미라의 저주에 걸려들기 전에 다행히도 제때 뚜껑을 밀어서 닫았군요. 뚜껑에 찍힌 동물 발자국이 희미하게 보여요. 당신을 구한 건 동물인가 봐요. 저주의 미라는 관에 갇혀 안심이에요. 설마 관을 뚫고 나오진 않겠지요?

98쪽으로 가세요.

주위를 둘러보니 탁자에 주방용 저울이 있어요. 그 옆에 밀가루 한 봉지가 있고, 밀가루 봉지 앞쪽으로 밀가루가 묻은 하얀 손바닥 자국이 나 있군요. 손바닥 자국을 관찰한 결과, 당신은 도둑 손에 상처가 있다는 걸 알아냈어요! 당신은 잊지 않고 노트에 손바닥 자국을 그려 넣었지요.

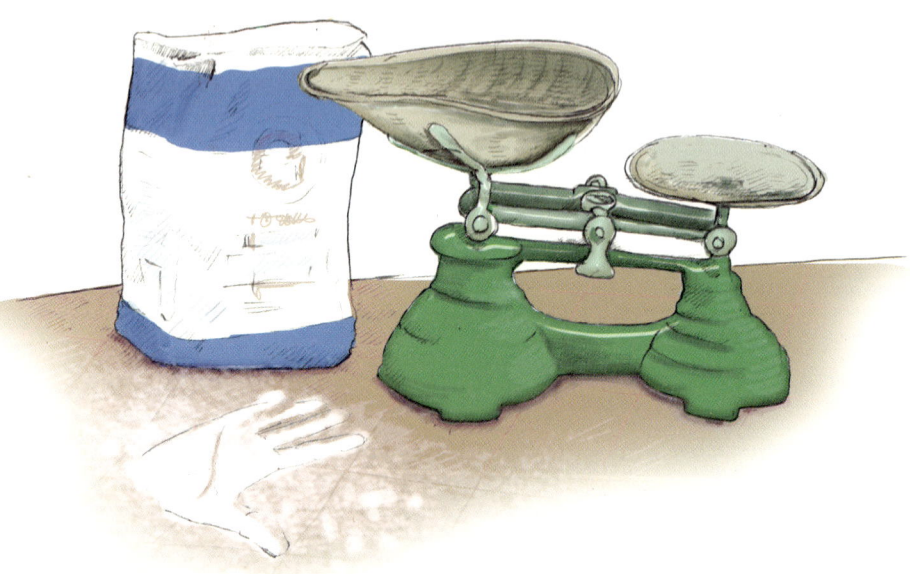

손바닥 자국 옆에 있던 메모를 본 당신은 손바닥 자국을 남긴 도둑이 무엇을 하고 있었는지 알아내기 위해 메모에 적힌 대로 따라해 보기로 해요.

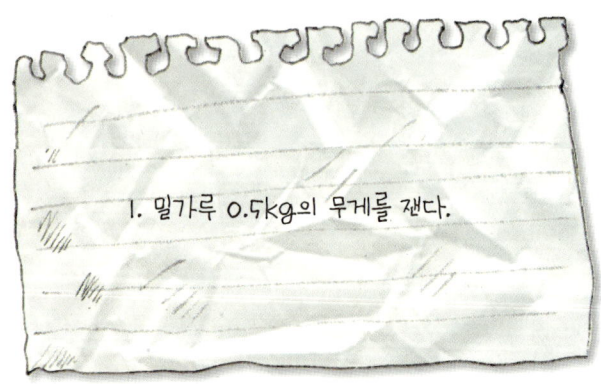

1. 밀가루 0.5kg의 무게를 잰다.

👣 무게를 재기 위해 이 추들을 쓴다면 16쪽으로 가세요.

👣 무게를 재기 위해 이 추들을 쓴다면 112쪽으로 가세요.

당신은 바닥에서 의심스러운 발자국을 발견했어요. 발자국들은 네 방향으로 나 있었지요. 과연 어느 발자국을 따라 조사해 나가야 할까요?

💠 도서관 쪽에서 났다면
95쪽으로 가세요.

💎 지하실 쪽에서 났다면
14쪽으로 가세요.

그때였어요. 나무 바닥이 삐걱하는 소리가 들렸어요. 계단의 낡은 나무판 자에서 나는 소리예요. 그런데 그 소리가 네 방향 가운데 어디에서 났는지 확실하지 않아요.

🗝 부엌 쪽에서 났다면
78쪽으로 가세요.

💠 중앙 계단 쪽에서 났다면
61쪽으로 가세요.

길은 '양초 저장고'라고 쓰여 있는 문까지 이어졌어요. 당신은 저장고 문고리를 돌려 살며시 들어가 내부를 살폈지요. 저장고 선반은 양초로 가득 차 있었어요.

당신은 지하실 계단을 내려오기 전 읽었던 편지에서 '길을 밝히려면 평면과 모서리가 없는 도형이 필요합니다.'라는 내용이 기억났어요. 양초를 말한 거였군요! 하지만 어떤 도형이 편지에서 말한 걸까요?

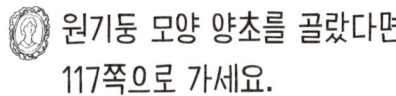

구 모양 양초를 골랐다면 62쪽으로 가세요.

원기둥 모양 양초를 골랐다면 117쪽으로 가세요.

당신은 계단을 366개까지 내려간 다음 멈추었어요. 마침 오른쪽에 문이 하나 있군요. 저 문이 바로 그 문일 거예요! 그때 문 저쪽에서 목소리가 들렸어요. 당신은 잠깐 귀를 기울여 목소리가 들린 게 맞는지 확인한 후, 크게 심호흡을 하면서 문을 열고 들어갔어요. 바케메데스가 당신 뒤를 따라 들어왔지요.

 33쪽으로 가세요.

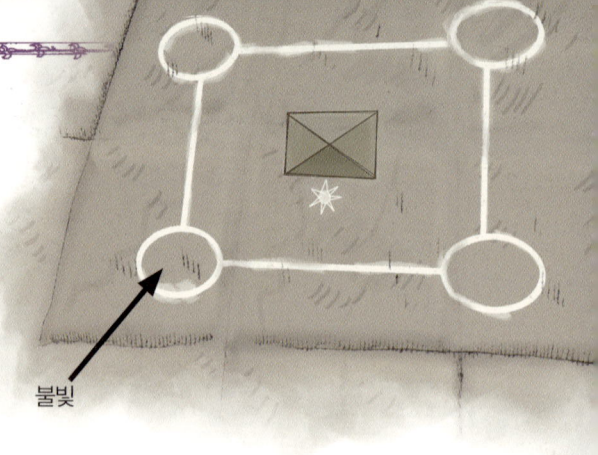

불빛

'불빛이 보인 것은 어느 탑이었을까?'를 생각하면서 우연히 정원 바닥을 쳐다보게 된 당신은 정원 대리석 바닥에 그림이 있다는 걸 알아챘어요.

언뜻 보면 그냥 낙서 같지만, 그 그림은 아주 간단하게 그려 놓은 저택의 설계도였지요. 대리석 설계도에는 위의 그림처럼 저택 중앙에 삼각형 모양의 면 4개로 이루어진 구멍이 있어요. 그중 한 모서리 앞에는 태양 그림이 새겨져 있어요.

아! 이것은 마치 피라미드를 비추는 태양 같아요. 그리고 저택 중앙의 구멍은 피라미드 모양이에요! 당신은 가방에서 사각뿔 피라미드를 꺼내 사각뿔에 그려진 태양과 대리석 설계도의 태양 위치가 같은 면에 오도록 맞추어 대리석 설계도 구멍에 사각뿔 피라미드를 끼웠어요.

이제 보니 유리 피라미드 바닥에 그림이 있었어요. 피라미드 바닥에 있는 그림은 오른쪽과 같았지요. 그림은 방위를 나타내는 것이었어요. 그제야 당신은 불빛이 보인 탑이 어느 탑인지 알 수 있었지요.

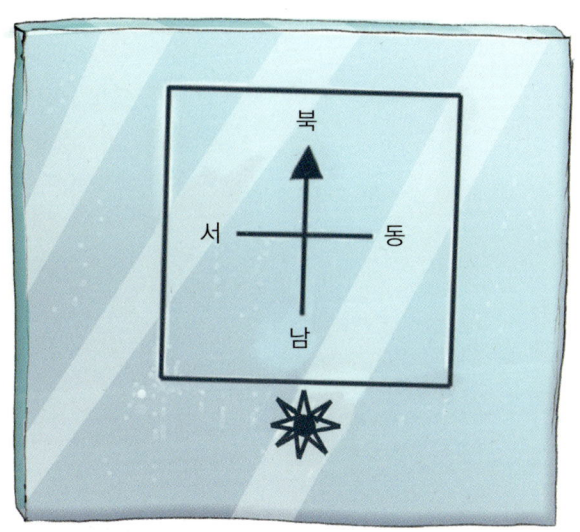

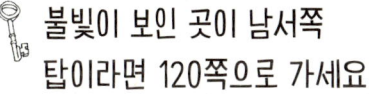 불빛이 보인 곳이 남서쪽 탑이라면 120쪽으로 가세요.

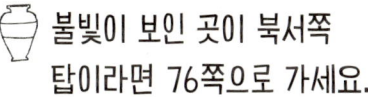 불빛이 보인 곳이 북서쪽 탑이라면 76쪽으로 가세요.

비커를 들어 올리자 손잡이가 부러지면서 비커가 바닥으로 떨어져 산산조각 났어요.

물이 너무 많았어요! 항아리에 들어 있던 물이 부엌 바닥의 타일 사이로 스며들더니 틈새에서 담쟁이덩굴이 솟아올랐어요. 엄청난 속도로 쑥쑥 자란 담쟁이덩굴이 당신의 발목을 휘감아 꼼짝 못하게 만들었지요!

당신이 움직이지 못해 용을 쓰며 낑낑거리고 있을 때 어떤 힘이 당신의 허리띠를 끌어당겨 담쟁이덩굴에서 구해 냈어요. 그때 당신 손에 묻어 있던 소금이 담쟁이덩굴 잎에 떨어졌고, 담쟁이덩굴은 점점 줄어들다가 사라져 버렸어요.

1L는 1000ml예요. 250ml는 1000ml보다 적은 양이지요. 얼마나 적을까요? $\frac{250}{1000}$ 이 얼마일지 계산해 보세요.

 87쪽으로 가세요.

당신은 B 양탄자를 말아 접었어요. 그 밑에 지하실 문이 숨겨져 있어요! 당신은 둘레의 뜻을 정확히 알고 있군요. 양탄자와 같은 사각형의 둘레는 네 변을 모두 더한 길이예요. 따라서 B 양탄자의 둘레 길이는 2m + 1m + 2m + 1m = 6m가 맞아요.

 60쪽으로 가세요.

 당신이 비밀 공간으로 들어가자 육중한 책장 비밀 문이 열릴 때처럼 소리 없이 스르륵 닫혔어요. 그곳은 사방이 돌로 된 작은 방이었지요. 방 가운데에는 의자가 하나 놓여 있었는데, 거기에 편지가 남겨져 있었어요.
편지에는 이렇게 쓰여 있었지요.

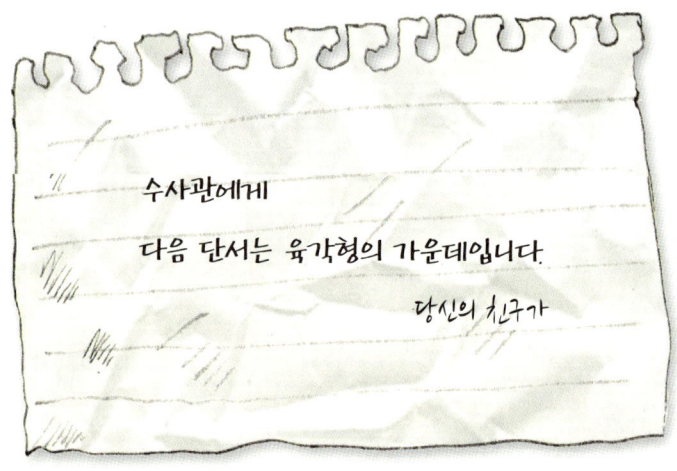

수사관에게
다음 단서는 육각형의 가운데입니다.
당신의 친구가

당신은 편지가 놓여 있던 의자에 앉아 침착하게 사방을 둘러봤어요. 의자 왼쪽 벽에 희미한 선이 보였어요. 벽에 그려진 선은 산적이나 들짐승을 피해 숨어 있던 사람이 그렸을 법한 아주 오래된 것이었어요. 그 모양은 다음과 같았지요.

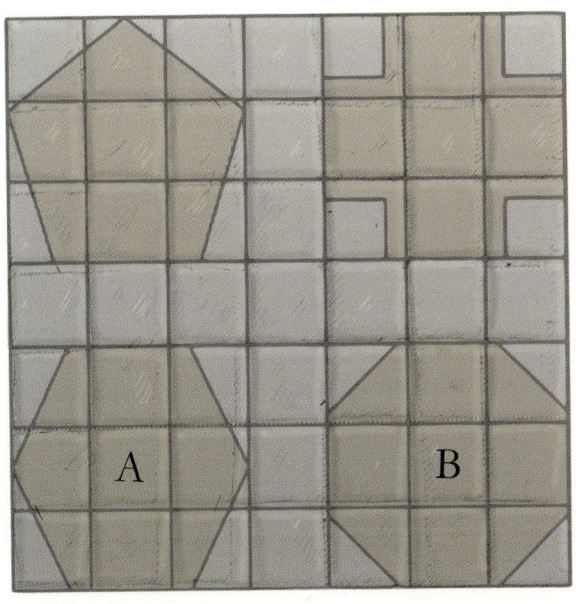

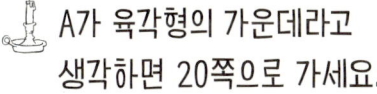
A가 육각형의 가운데라고 생각하면 20쪽으로 가세요.

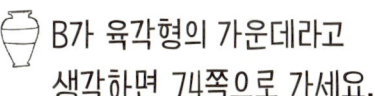
B가 육각형의 가운데라고 생각하면 74쪽으로 가세요.

정확한 시각을 골랐군요! 시계는 9시 15분에 멈췄습니다. 당신은 벽난로 장식에 놓여 있는 편지를 발견하고 재빨리 내용을 읽어 봤어요.

> 수사관에게
> 시계를 정확한 시각으로 고쳐 놓으십시오.
> 도둑이 혼란을 주기 위해 일부러 시각을 틀리게 맞춘 것입니다!
>
> 당신의 친구가

당신은 지금 시각을 확인하기 위해 자신의 디지털 손목시계를 확인했어요.

시계를 이렇게 맞췄다면 100쪽으로 가세요.

시계를 이렇게 맞췄다면 38쪽으로 가세요.

맞는 그릇이에요. X 그릇은 지름이 30cm이므로 반지름은 15cm이지요. 이제 다음 메모를 읽어 보세요.

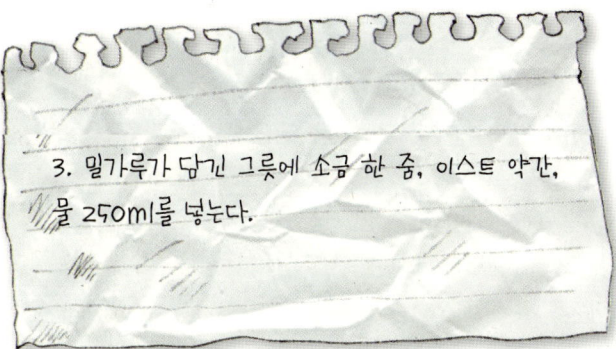

3. 밀가루가 담긴 그릇에 소금 한 줌, 이스트 약간, 물 250ml를 넣는다.

♦ 26쪽으로 가세요.

양초 저장고를 나선 당신은 문에 붙어 있는 또 다른 편지를 발견했어요.

내용은 아래와 같아요.

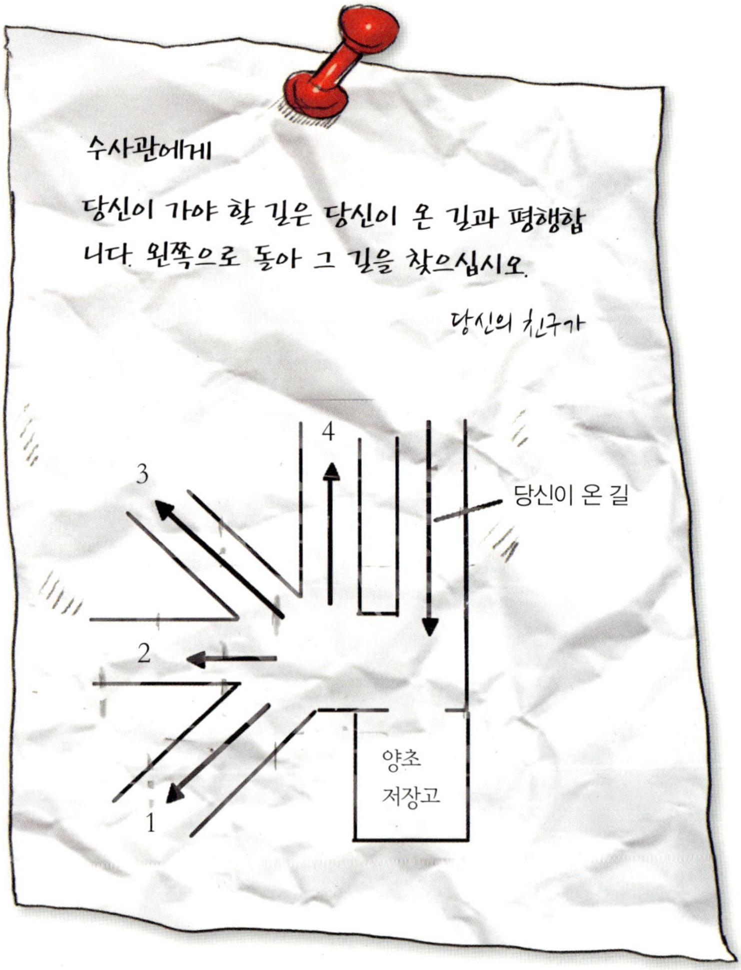

수사관에게
당신이 가야 할 길은 당신이 온 길과 평행합니다. 왼쪽으로 돌아 그 길을 찾으십시오.
당신의 친구가
4
3
당신이 온 길
2
양초
저장고
1

당신은 양초 저장고에서 나와 문 앞에서 왼쪽으로 돌아섰어요. 그러자 편지의 그림대로 네 갈래길이 보였지요. 과연 어느 길이 당신이 온 길과 평행할까요?

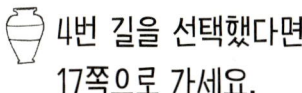 4번 길을 선택했다면 17쪽으로 가세요.

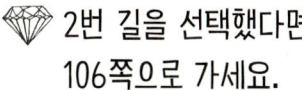 2번 길을 선택했다면 106쪽으로 가세요.

O를 그려 넣었더니 욕실이 수증기로 가득 차면서 피부가 델 정도로 뜨거운 물이 쏟아져 나왔어요. 급하게 수도꼭지를 이리저리 돌려 봐도 잠기지 않아요! 다른 곳으로 도망치려고 해도 욕실 문이 잠겨 있군요!

그때였어요. 쾅 하고 부딪치는 소리가 나더니 바키메데스가 문을 부수고 들어왔어요. 입에는 커다란 스패너를 물고 있었지요. 당신은 그 스패너로 수도꼭지를 잠글 수 있었어요.

O를 넣으면 대칭이 되지 않아요. 왼쪽보다는 오른쪽에 O가 더 많아지기 때문이지요.

 10쪽으로 가세요.

 당신은 서 있는 집주인 남자와 요리사 여자에게 당신이 도둑을 지키고 있을 테니 경찰을 불러 달라고 이야기했어요. 그러자 바키메데스가 사납게 짖는 거예요. 남자와 여자는 바키메데스를 피해 슬며시 구석으로 뒷걸음질 쳤지요.

당신은 그 모습을 보고 이상한 생각이 들어 단서를 다시 살펴봤어요.

서 있는 집주인 남자는 단추가 하나 떨어진 옷을 입고, 손에 상처가 있었어요. 그리고 남자가 신은 신발 바닥에 있는 모양은 당신이 밀가루를 흩어 놓았던 바닥에 찍혀 있던 것과 같은 모양이에요. 그리고 여자 요리사는 이가 하나 빠져 있어요. 보석을 숨긴 빵에 남겨진 모양과 똑같군요.

124쪽으로 가세요.

당신이 소포 더미에 손을 대자 시끄럽게 짖는 소리가 무언가 잘못되었음을 알려 주는 것 같아요. 미심쩍어진 당신은 포장을 벗겨 확인해 보았어요. 그것들은 그림이 아니었어요.

 이 도형은 사다리꼴이에요.

육각형은 변이 6개 있는데, 사다리꼴은 변이 4개밖에 없군요.

이 도형은 오각형이에요.

팔각형은 변이 8개 있는데, 오각형은 변이 5개예요.

30쪽으로 가세요.

당신은 도서관으로 돌아갔어요. 쪽지에 쓰여 있는 책을 찾아야 해요. 이렇게나 책이 많은데 말이지요! 게다가 얼마나 오래되었는지 먼지가 쌓이고 글자가 지워져서 책 제목을 알아보기도 힘들어요. 《거울 나라의 앨리스》라는 책을 찾으려면 시간이 엄청 걸릴 것 같아요. 그때 책장과 선반에 글자와 숫자가 적혀 있는 게 눈에 띄었지요. 일부는 너무 닳아서 읽을 수 없었지만 E, 5가 어디에 있는지는 찾을 수 있겠네요!

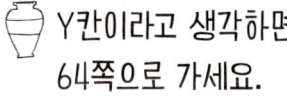

X칸이라고 생각하면 32쪽으로 가세요.

Y칸이라고 생각하면 64쪽으로 가세요.

그런데 지하실 문에는 손잡이가 없어요. 문에는 체스판처럼 생긴 정사각형의 나무가 걸려 있었는데, 나무판에는 부분적으로 색이 칠해져 있었지요. 문을 열 수 있는 단서가 근처에 있을 거라 추리한 당신은 꼼꼼하게 관찰한 끝에 바닥에 쓰인 글을 찾아냈어요.

지하실 문을 열려면
넓이가 가장 작은 것부터 차례대로 누를 것.
실수한다면 무서운 일이!

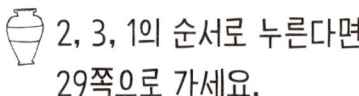 2, 3, 1의 순서로 누른다면 29쪽으로 가세요.

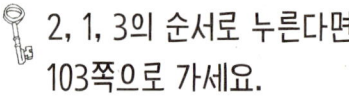 2, 1, 3의 순서로 누른다면 103쪽으로 가세요.

중앙 계단을 오르자 계단 꼭대기에서 당신은 다른 편지보다 급하게 휘갈겨 쓴 편지를 발견했어요.

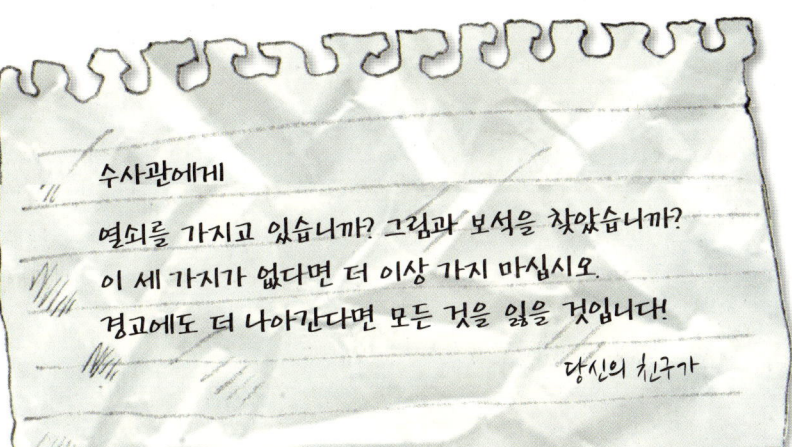

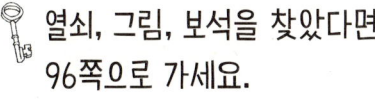 열쇠, 그림, 보석을 찾았다면 96쪽으로 가세요.

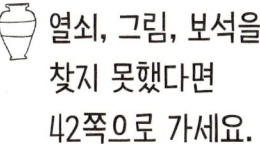 열쇠, 그림, 보석을 찾지 못했다면 42쪽으로 가세요.

당신은 선반에서 구 모양 양초를 꺼내 들고 밖으로 나왔어요. 그러자 갑자기 주변의 모든 불이 꺼지면서 당신이 가지고 있는 양초의 불만 켜졌지요. 편지에 적혀 있었던 것처럼 구 모양 초가 당신이 가는 길을 밝혀 주는군요.

당신의 선택은 옳았어요. 구는 평면이나 모서리가 없어요. 구는 표면 전체가 부드러운 곡선이지요.

54쪽으로 가세요.

다시 갈림길이 나왔어요. 이번에는 세 갈래 길이에요. 벽에는 지시 사항을 써 놓은 안내문이 붙어 있어요.

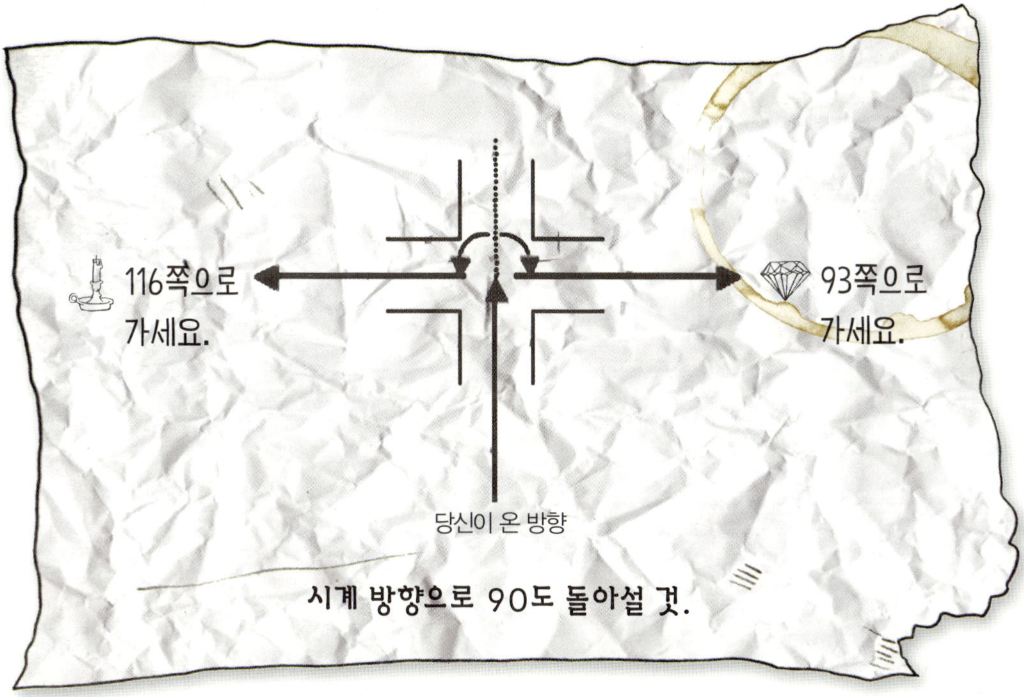

116쪽으로 가세요.

93쪽으로 가세요.

당신이 온 방향

시계 방향으로 90도 돌아설 것.

당신은 Y칸에서 책을 꺼내려고 팔을 뻗었어요. 선반에서 가장 왼쪽의 책을 꺼내자 갑자기 개 짖는 소리가 크게 들렸어요. 그 소리에 깜짝 놀란 당신은 한쪽 구석으로 넘어졌지요. 동시에 책장이 당신이 서 있던 바로 그 자리로 넘어지며 부서져 버렸어요! 큰일 날 뻔했군요! 그런데 개 짖는 소리는 어디서 들린 것일까요?

Y칸은 당신이 선택을 잘못했을 때 당신을 위험에 빠뜨리려는 함정이었어요. E와 5는 좌표를 뜻해요. 좌표는 수학에서 어떤 위치를 말할 때 쓰지요. 책장 칸을 따라 A, B, C, D, E를 세어 보고, 선반을 따라 1, 2, 3, 4, 5를 세어 보세요.

 59쪽으로 가세요.

당신은 또 다른 메모를 보았어요.

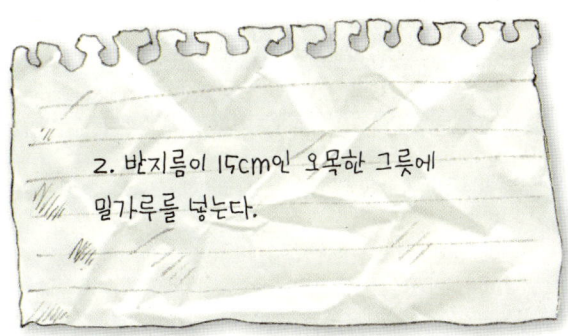

2. 반지름이 15cm인 오목한 그릇에 밀가루를 넣는다.

탁자 앞쪽에 있는 기다란 나무 선반에 크기가 모두 다른 그릇이 한 줄로 놓여 있었어요. 하지만 그냥 봐서는 반지름이 15cm인 그릇이 어떤 그릇인지 모르겠군요. 그러다 당신이 발자국의 크기를 재거나, 물건의 길이를 잴 때 자주 쓰는 자가 30cm라는 것이 떠올랐어요. 그래서 각 그릇 옆에 당신의 자를 실제 크기로 상상해 짐작해 보았지요.

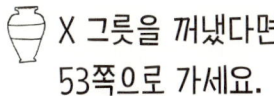 X 그릇을 꺼냈다면 53쪽으로 가세요.

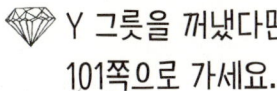 Y 그릇을 꺼냈다면 101쪽으로 가세요.

X를 넣는 게 맞았어요. 표를 90도나 180도로 돌려도 거울에 비추어 보면 같아요. 당신이 표에 X를 그려 넣자 거울에 편지가 나타났어요.

수사관에게

도둑이 옷을 갈아입고 염색을 해서 변장을 했을지도 모릅니다. 그러니 도둑의 거짓말에 속지 마십시오! 이제 저를 따라 탑으로 가 이 사건을 마무리 지을 시간입니다.

당신의 친구가

당신은 침실에서부터 복도까지 도둑의 발자국을 따라갔어요. 미로 저택이라는 이름에 걸맞게 복도는 구불구불하고 똑같이 생긴 수많은 방을 지났지요. 혹시나 하는 생각에 문을 열어 본 방은 모두 비어 있었어요. 그러나 미로 저택을 잘 알고 있는 바키메데스가 길을 안내해 당신은 마침내 탑으로 향하는 오래된 나무 문까지 왔어요.

문은 잠겨 있군요. 하지만 당신은 오래된 금속 열쇠를 가지고 있지요.

 88쪽으로 가세요.

이제 범죄자들을 묶어야지요. 당신이 경찰서에 전화를 하고 훔쳐 간 물건들을 증거로 모으는 동안 당신의 친구이자 그 집의 주인은 집사와 요리사를 데리고 미로 저택의 중앙홀로 갔어요. 집주인은 중앙홀 한가운데에 의자를 놓고 보석과 그림을 훔치려던 집사와 요리사를 앉힌 다음 밧줄로 단단히 묶어 놓았지요. 바키메데스는 그들을 향해 사납게 으르렁거렸어요. 집사와 요리사는 겁에 질려 도망갈 생각도 못 하는군요!

집주인은 그의 물건들이 무사하다는 것을 확인하고는 흐뭇한 표정을 지었어요.

"정말 고맙습니다. 이 물건 중 일부는 우리 집안에서 대대로 내려온 아주 소중한 것들입니다."

집주인의 말이 끝나자마자 바키메데스는 행복하게 짖으며 꼬리를 흔들었어요. 당신은 몸을 숙여 개의 머리를 쓰다듬어 주었지요. 집주인이 고마워 할 사람은 당신만이 아니에요. 바키메데스가 없었다면 당신은 무사히 도둑을 잡을 수 없었을 테니까요.

"이제 새 집사와 요리사가 필요하겠군요. 하지만 다른 개는 키울 필요가 없겠어요." 하고 당신이 미소 지으며 말했지요.

끝

《거울 나라의 앨리스》라는 책 표지 안쪽에 급하게 뜯어낸 듯한 메모지가 꽂혀 있군요. 지시 사항이 적힌 또 다른 단서예요!

> 《거울 나라의 앨리스》책 앞에 있던 세 권의 책에서 대칭인 모양을 찾을 것!
> 표지에 그려진 모양 중 대칭이 아닌 모양이 그려진 책을 찾아 펼쳐 볼 것.

당신은 조금 전에 꺼냈던 세 권의 책 표지를 들여다봤어요. 책의 표지에는 모두 아래와 같은 모양이 하나씩 그려져 있었지요. 웃는 얼굴의 동그라미 모양, 하트 모양, 번개 모양. 메모지의 지시 사항에 따라 대칭이 아닌 비대칭 모양을 찾아야 해요.

A

B

《거울 나라의 앨리스》 책에서 찾은 하트 모양은 오른쪽 그림처럼 점선에 거울을 놓고 비추었을 때 본래 모양대로 보여요. 그 이유는 양쪽 모양이 똑같기 때문이지요. 왼쪽 절반은 오른쪽 절반을 거울에 비친 상과 같아요. 이러한 모양을 '대칭'이라고 하고, 가운데에 대칭 모양을 얻을 수 있는 축을 '대칭축'이라고 해요.

그렇다면 A와 B 중 대칭축을 그렸을 때 같은 모양이 나오지 않는 비대칭 모양이 그려진 표지의 책은 어느 것일까요?

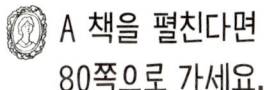

A 책을 펼친다면 80쪽으로 가세요.

B 책을 펼친다면 13쪽으로 가세요.

당신은 도둑에게서 무사히 그림을 지켜 냈어요! 하지만 아직 해야 할 일이 많아요. 도둑도 잡아야지요!

당신이 비밀 문을 밀자 문이 열렸어요. 왔던 길로 돌아가기 위해 실을 따라갔어요. 보일러실을 지날 때 바닥에서 무엇인가 반짝이는 것이 보였어요. 궁금증이 일어 주워서 살펴보니 은으로 된 단추였지요. 당신은 단추를 주머니에 넣고 저택의 중앙홀로 돌아가는 길을 찾기 위해 다시 실을 따라갔어요.

 42쪽으로 가세요.

보일러실 문이 열려 있어요. 안은 매우 뜨겁군요. 보일러 용광로에서는 불꽃이 활활 타오르고 있어요. 뜨거운 수증기가 뿜어져 나와 보일러는 덜컹거리며 쉭쉭 소리를 내고 있네요. 압력 수치가 폭발하기 직전이에요!
보일러실 벽면에는 다음과 같은 안내문이 붙어 있었어요.

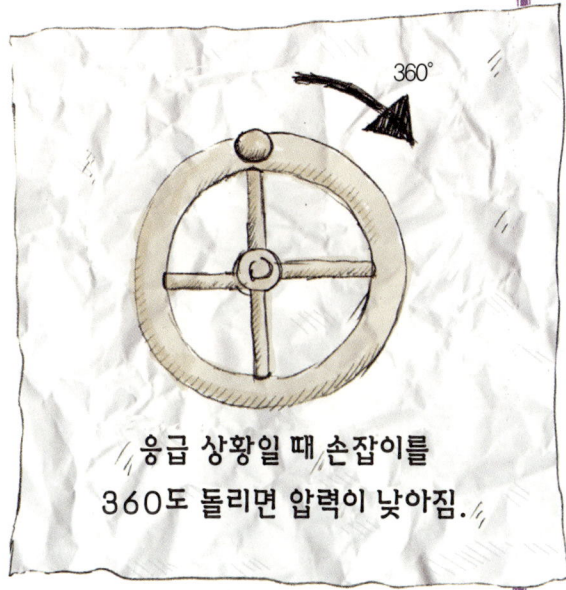

응급 상황일 때 손잡이를 360도 돌리면 압력이 낮아짐.

이런 모양이 되도록 손잡이를 돌릴 거라면 122쪽으로 가세요.

이런 모양이 되도록 손잡이를 돌릴 거라면 12쪽으로 가세요.

73

B의 가운데 있는 돌을 만져 보니 느슨하게 끼워져 있군요. 당신은 손가락으로 느슨한 돌을 빼냈어요. 그러자 어두운 공간에서 반짝이는 한 쌍의 눈이 보였지요. 깜짝 놀라 몸을 뒤로 빼자마자 끝이 갈라진 혀가 코앞에서 날름거렸어요. 배가 고픈지 뱀은 당장이라도 뛰어들 태세예요! 당신은 뱀이 공격하기 전에 재빨리 돌을 제자리에 밀어 넣었어요.

당신은 변이 8개인 도형인 팔각형을 골랐어요. 자, 다시 한 번 생각해 보세요. 육각형은 변이 몇 개일까요?

 50쪽으로 가세요.

Y 통로를 따라가다 보니 탑으로 올라가는 문에 다다랐어요. 그러나 막상 문을 열자 그 앞은 바닥이 없는 곳이었지요. 이 문은 위험천만한 가짜 문이었어요! 부주의했던 당신은 아래로 떨어졌고, 영리한 바키메데스가 재빨리 당신을 잡아채지 않았다면 어떻게 되었을지 끔찍하군요.

당신은 통로를 잘못 선택했어요. 나침반 바늘이 가리키는 대로라면 Y 통로는 북동쪽이에요.

 88쪽으로 가세요.

불빛이 보인 탑은 북서쪽 탑이 아니었어요! 그곳으로 가면 시간을 너무나 많이 낭비하게 될 거예요.

46쪽으로 가세요.

당신은 저택의 중앙홀에 있어요. 당신 앞에 있는 작은 탁자에 단서가 될 만한 편지가 있군요!

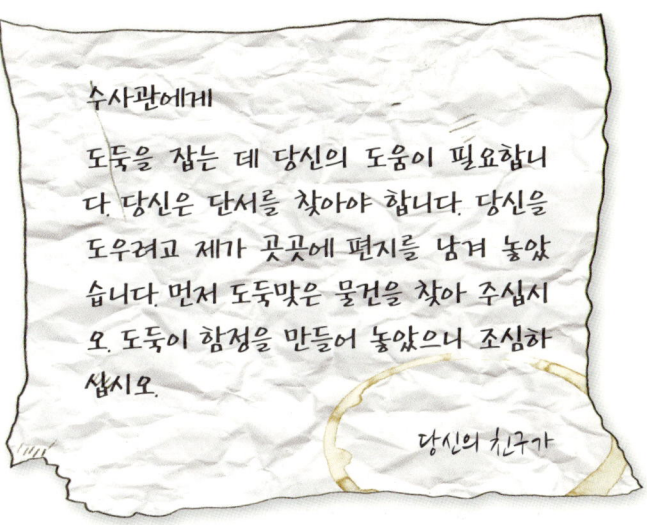

편지를 다 읽은 당신은 귀중한 그림들이 걸렸던 벽에 남아 있는 모양을 살펴봤어요. 그림은 없지만 흔적만으로도 그림의 모양을 짐작할 수 있었지요. 당신은 노트에 그 모양을 차례대로 적어 놓았어요. 중요할지도 모르니까요.

42쪽으로 가세요.

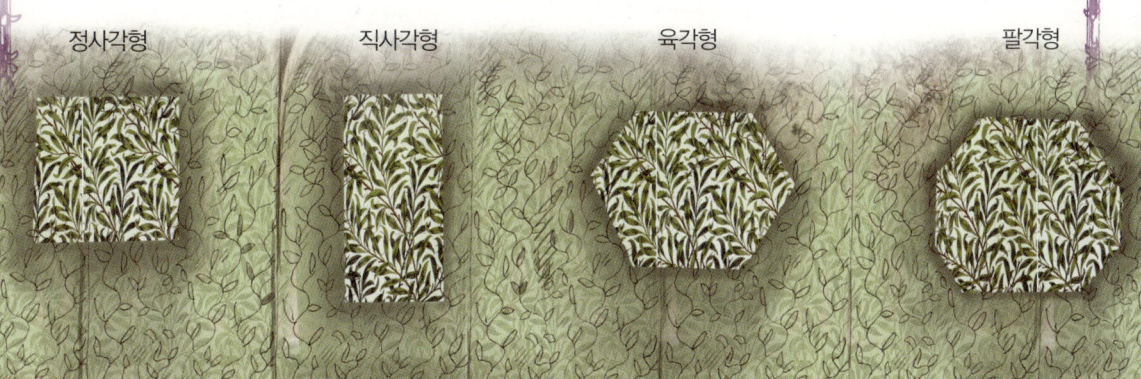

발자국을 따라가다 보니 '부엌'이라고 적힌 커다란 문으로 계단이 이어져요. 신선한 빵 굽는 냄새가 문 안쪽에서 퍼져 나와요. 그때 당신은 동물이 입맛 다시는 듯한 소리를 들었어요!

발소리를 줄이고 문을 열고 살금살금 안으로 들어갔어요. 부엌은 굉장히 넓어요. 멋진 벽난로도 있고, 오븐이랑 커다란 나무 탁자도 놓여 있어요. 나무 선반에는 주전자와 프라이팬들이 가지런히 정리되어 있군요. 그리고 문 바로 안쪽에는 식사 시간과 메뉴를 알리는 알림판이 붙어 있는데, 그곳에 누군가 당신에게 편지를 써서 꽂아 놓았어요.

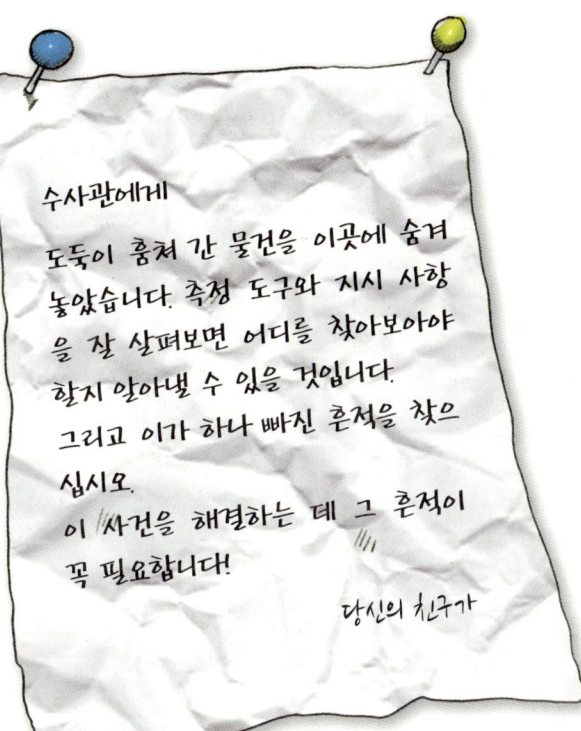

💎 40쪽으로 가세요.

당신은 A 책을 펼쳤어요. 책에는 열쇠 모양으로 종이를 잘라 만들어 놓은 비밀 공간이 있었고, 그 안에 있던 커다란 지네가 꿈틀대다가 당신의 손 쪽으로 빠르게 기어오지 뭐예요! 당황해서 그대로 얼어붙어 있던 당신은 '컹컹!' 하고 크게 짖는 소리에 얼른 정신을 차리고 책을 쾅 덮었어요.

당신은 책을 잘못 선택했어요. 웃는 얼굴의 동그라미 모양은 대칭인 모양이에요. 71쪽의 하트 모양처럼 대칭축을 그릴 수 있지요.

 70쪽으로 가세요.

당신은 물의 양 250ml를 정확히 측정했어요. 물을 넣었더니 그릇 안의 혼합물이 부드럽고 끈적끈적해졌지요. 그러고 보니 이건 빵을 만드는 반죽이군요! 이것도 단서일 거예요. 당신은 부엌 문을 열었을 때 빵 굽는 냄새가 났던 것이 기억났어요. 그렇다면 당신이 도착하기 직전에 누군가 빵을 구웠을 거예요. 아마 도둑이겠지요. 하지만 왜 도둑질을 하다 말고 빵을 구웠을까요?

 19쪽으로 가세요.

당신은 도서관 바닥에 깔린 양탄자 밑에 숨겨져 있던 비밀 문을 열고 내려왔어요. 마침 주운 손전등으로 어두운 주변을 둘러보니 낡은 물건을 가져다놓은 창고인 것 같아요. 먼지를 뒤집어쓴 책 상자와 이상한 망원경, 황동 현미경, 마치 고대 연금술사가 썼을 법한 과학 도구 같은 이상한 물건이 거미줄로 뒤덮여 있군요. 당신은 한쪽 구석 선반에 놓여 있는 유리로 된 입체도형들을 보자 문득 아까 금고에서 찾은 편지에 쓰여 있던 고대 도형일지도 모른다는 생각이 들었어요. 좀 더 자세히 보려고 그쪽으로 발걸음을 옮겼지요.

편지에는 '면이 5개, 모서리가 8개인 고대 도형'이라고 쓰여 있었어요. 아마도 이것 가운데 하나가 당신이 필요한 도형일 거예요. 당신은 도형마다 면과 모서리의 개수를 세서 노트에 표를 그려서 정리했어요. 이렇게 정리하는 게 더 보기 쉬우니까요.

도형	면의 개수	모서리의 개수
직육면체	6	12
삼각기둥	?	?
삼각뿔	5	9
오각기둥	7	15
사각뿔	?	?

나머지 두 개 도형의 면과 모서리 개수를 세서 적으려고 다시 노트를 보니, 표에 적혀 있는 숫자가 뭔가 잘못되어 보였어요. 그래서 다시 확인해 보니 당신이 적어 놓은 숫자 중 잘못 적은 것이 있군요.

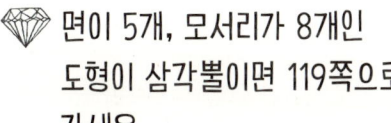 면이 5개, 모서리가 8개인 도형이 삼각뿔이면 119쪽으로 가세요.

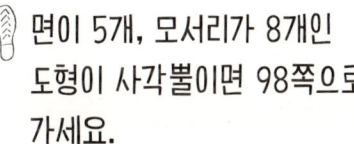 면이 5개, 모서리가 8개인 도형이 사각뿔이면 98쪽으로 가세요.

통로에 들어선 지 얼마 되지 않아 두 갈래 길이 나타났어요. 어디로 가야 할까요? 고민하던 차에 당신은 누군가 벽에 분필로 그린 그림과 지시 사항을 찾아냈어요.

안전하게 가려면 이것과 같은 모양을 찾을 것.

당신은 두 갈래 길에 손전등을 비추어 보았어요. 각각의 길에는 정사각형 모양으로 찍어 낸 돌이 쌓여 있어요. 이제 벽에 그려져 있는 그림과 비교해 볼 차례군요. 똑같이 쌓여 있더라도 바라보는 방향에 따라 달라 보여 어떤 게 같은 모양인지 가늠하기가 쉽지 않아요. 그래도 기준으로 삼을 만한 게 있을 거예요.

💎 왼쪽 길이라면
9쪽으로 가세요.

👣 오른쪽 길이라면
92쪽으로 가세요.

85

걱정 마세요. 도움의 손길은 당신 근처에 있어요. 당신이 위기에 처하면 누군가 나타나 당신을 안내해 줄 거예요. 한 번에 한 가지의 지시 사항만 따르고, 당신이 어디 있는지를 항상 생각해야 해요. 이제 중앙홀로 가서 모험을 시작해 보세요. 행운을 빕니다!

◆ 77쪽으로 가세요.

이제 물이 필요해요! 싱크대에는 수도꼭지가 여러 개 있어요. 하지만 250ml를 어떻게 따라야 할까요? 그때 눈금이 새겨져 있는 비커가 눈에 띄었어요. 바로 당신이 필요로 하는 것이지요! 비커의 눈금은 아래 그림처럼 쓰여 있었어요. 맨 위에 1L라고 표시되어 있고, 나머지는 분수로 쓰여 있어요. 다행히도 당신은 1L가 몇 ml인지 알고 있지요. 물을 어디까지 채워야 할까요?

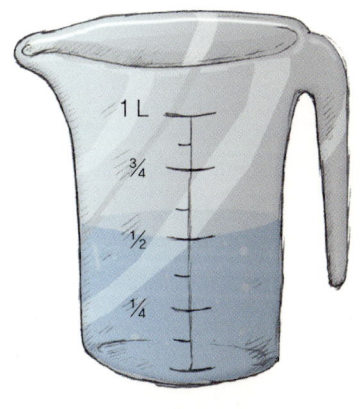 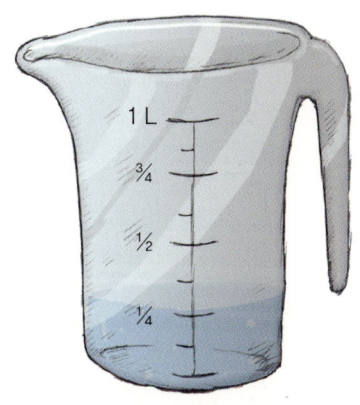

물을 이렇게 채운다면 48쪽으로 가세요.   물을 이렇게 채운다면 81쪽으로 가세요.

당신은 도서관에서 찾아낸 열쇠를 가방에서 꺼내 열쇠 구멍에 끼워 넣었어요. '열쇠가 안 맞나?' 하는 의문이 생길 때쯤 좀 뻑뻑하기는 했지만 간신히 열쇠가 돌아갔지요.

문을 열고 계단을 몇 개 오르자 원형의 방이 나타났어요. 방에는 네 개의 통로가 서로 90도 직각을 이루며 뻗어 있었지요. 이 중 한 통로가 아까 불이 켜져 있던 탑으로 이어질 거예요! 하지만 지금으로선 각각의 통로가 어느 탑으로 가는지 모르겠어요.

당신은 바닥 한가운데에 피라미드 모양의 구멍이 있는 것을 발견했어요. 정원에 있던 것과 똑같아요. 당신은 가방에서 사각뿔 피라미드를 꺼내 태양 그림이 똑같은 위치에 오도록 구멍에 끼웠어요.

아하! 당신은 이제 어느 방향으로 가야 남서쪽 탑을 찾을 수 있는지 알았어요.

두 남자가 내민 손과 벗은 신발 바닥에서 찾아낸 단서는 더욱 확실하게 진실을 알려 주는군요. 도둑은 집주인을 줄로 묶어 놓고 자신이 변장을 하고 집주인인 척하는 거예요!

당신이 묶인 집주인을 풀어 주는 동안 바키메데스가 범죄자 둘을 지키고 서 있었지요. 풀려난 집주인은 도둑들의 음모를 설명해 줬어요.

집사와 요리사는 그를 지하에 있는 감옥에 가둬 둘 계획이었다고 해요. 경찰이 오면 집사는 집주인 행세를 해서 범죄 사실을 숨기고, 경찰이 돌아간 뒤에 그림과 보석을 숨겨 둔 곳에서 가지고 도망가려던 거였어요!

 68쪽으로 가세요.

당신은 조심스럽게 앞으로 다가가 파란색 미라 모양의 관 뚜껑을 열었어요. 열고 보니 이 미라 모양의 관이 바로 비밀 통로로 가는 문이었어요!
당신은 사각뿔을 만들 수 있는 전개도를 정확하게 골랐어요. 당신은 사각뿔 피라미드를 열쇠가 든 가방에 넣고, 손전등을 비추며 천천히 통로를 따라갔어요.

🔷 84쪽으로 가세요.

당신은 오른쪽 길을 택했군요. 그 길은 가파르고 미끄러워 발이 자꾸 미끄러져요. 그러다 당신은 작은 자갈을 밟는 바람에 길을 따라 주욱 미끄러졌어요. 정신없이 자갈과 함께 굴러가고 있는데, 어떤 힘이 당신의 옷자락을 잡아 쑥 끌어 올렸어요. 자갈이 깊은 지하 웅덩이로 쏟아져 떨어지는 소리가 풍덩풍덩 들렸지요. 계속 미끄러져 내려갔다면 당신도 자갈처럼 그 웅덩이로 떨어졌을 거예요!

당신이 고른 도형은 같은 게 아니었어요. 머릿속으로 도형을 돌려서 그림에 있는 것 중 하나와 맞는지 맞춰 보세요. 맨 꼭대기에 있는 돌을 잘 보면 도움이 될 거예요.

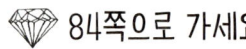 84쪽으로 가세요.

맞는 방향이에요. 하지만 또 갈라진 길이 나타나 당신을 골치 아프게 하는 군요! 벽에는 지시 사항이 붙어 있어요.

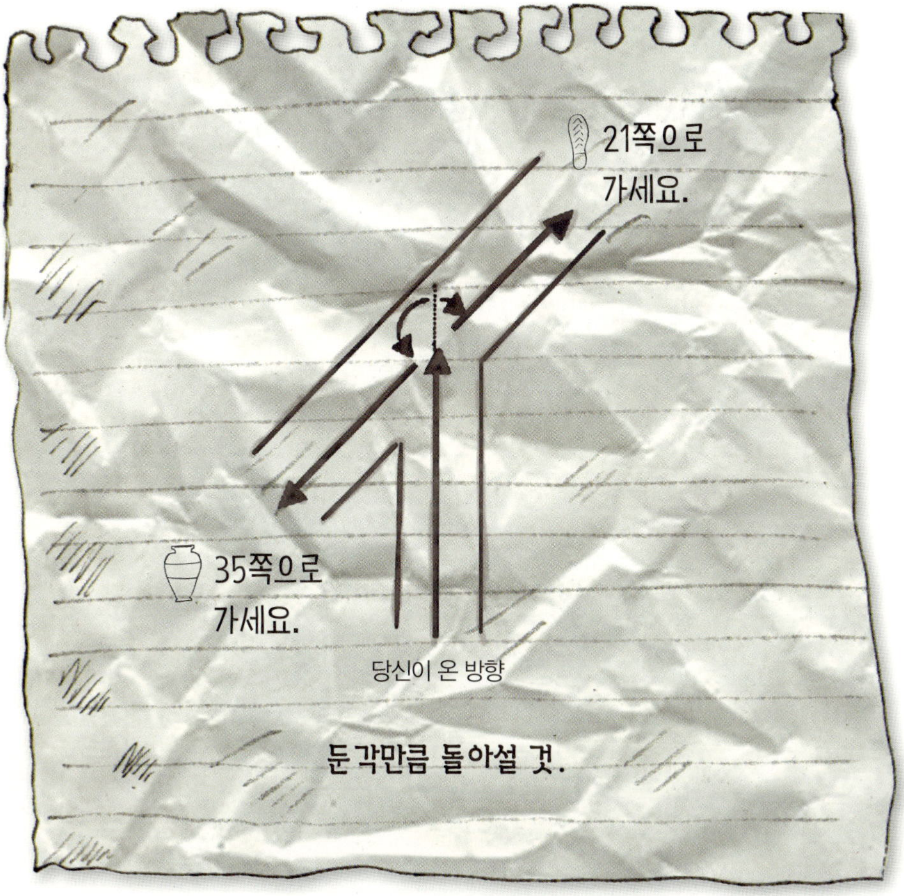

21쪽으로 가세요.

35쪽으로 가세요.

당신이 온 방향

둔각만큼 돌아설 것.

당신은 밀가루를 담은 그릇에 원뿔 모양의 양념 통을 흔들어 가루를 뿌렸어요. 원뿔 양념 통에서 나오는 하얀 가루의 맛을 보니 소금이 맞아요. 소금 용기를 정확하게 골랐어요. 당신은 양념 통을 찾은 선반 위에 있는 선반에서 '이스트'라고 적힌 통을 찾았어요. 당신은 그릇에 이스트도 한 숟가락 넣었지요.

원뿔은 옆면으로 눕혀 굴리면 원을 그리며 굴러가 제자리로 돌아와요.

 87쪽으로 가세요.

당신은 도서관 문을 열고 들어갔어요. 갑자기 추위가 느껴지고 어디선가 바람이 불어와요. 창문을 확인하니 창문은 잠겨 있어요. 도둑이 도서관 창문으로 드나들지는 않은 모양이에요. 도서관 내부를 꼼꼼히 살피던 당신은 금고를 찾아냈어요. 하지만 금고는 이미 열려 있군요! 그 속에 있던 보석도 없어졌어요. 금고 안에 편지가 들어 있어 당신은 그 편지를 꺼내 찬찬히 읽어 봤어요.

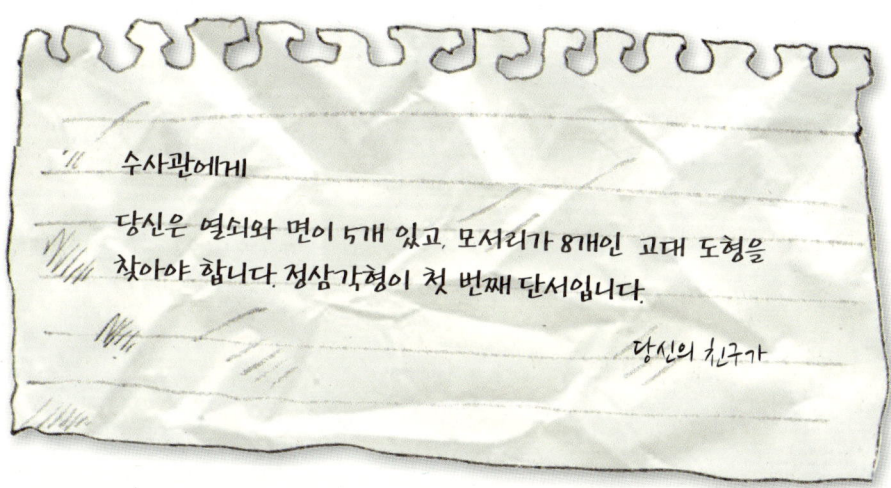

수사관에게

당신은 열쇠와 면이 5개 있고, 모서리가 8개인 고대 도형을 찾아야 합니다. 정삼각형이 첫 번째 단서입니다.

당신의 친구가

24쪽으로 가세요.

지금까지 당신이 위험에 빠질 때마다 구해 준 커다랗고 힘이 세며 으르렁거렸던 것이 당신을 계속 도와주려고 한다는 것을 알았어요. 그건 저 앞에 앉아 있는 커다란 개였군요. 목에 걸린 이름표를 보니 그 개의 이름은 '바키메데스'예요. 개는 미로 저택에서 오랫동안 살았고, 지금은 어디든 훤히 꿰뚫고 있는 미로 저택에서 당신을 따라다니며 당신이 위험할 때마다 도와주고 있었지요.

2층에 도착하자 복도를 따라 문이 여러 개 있었지만 모두 닫혀 있어요. 당신은 가장 가까이에 있는 문을 열고 안으로 들어가 보았어요. 그곳은 집주인의 침실이군요! 도둑이 들어와서 옷을 훔쳐간 모양이에요. 옷이 사방에 널려 있어요. 왜 그랬을까요?
탁자에 시계가 떨어져 있는 게 눈에 띄어요. 시계는 멈춰 있어요. 도둑이 서두르다가 떨어뜨렸나 봐요.

 시계가 9시 15분에 멈췄다고 생각하면 52쪽으로 가세요.

 시계가 2시 45분에 멈췄다고 생각하면 114쪽으로 가세요.

당신은 사각뿔을 골랐군요. 묵직한 것이 들고 있기에는 생각보다 무거워요. 너무 무거운 무게에 의문이 든 당신은 사각뿔을 찬찬히 돌려서 살펴봤어요. 그랬더니 한쪽 면에 태양 그림과 함께 글이 적혀 있다는 걸 알았지요.

단서는 피라미드.
이 방을 떠나야 함.
미라 관의 문으로 들어갈 것.
전개도가 어느 문인지를
보여 줄 것임.

곰곰 생각해 보았지만 지금은 도저히 무슨 말인지 이해가 되지 않아요! 당신은 이 유리 사각뿔이 필요할 거라는 걸 직감하지만 피라미드와 미라의 관, 전개도는 과연 무슨 뜻일까요?

당신은 어두운 주변을 둘러보았어요. 천천히 손전등으로 벽 반대쪽에 있는 큰 물체 두 개를 비추어 보았지요. 그것은 이집트 미라의 관이군요! 그러나 많이 봤던 황금색 미라 관이 아니에요. 빨간색과 파란색 관이었지요.

당신은 미라의 관이 있는 쪽으로 걸어갔어요. 가까이 다가가자 미라의 관에 이상한 기호가 그려져 있어요. 더 다가가니 그건 이상한 기호가 아니라 전개도라는 걸 알아보았어요. 전개도는 그려진 그림대로 자르고 접으면 입체 도형을 만들 수 있지요. 이 중 하나는 사각뿔을 접을 수 있는 전개도가 틀림없어요. 그러고 보니 유리 사각뿔 모양은 이집트의 피라미드 모양과 같아요! 피라미드의 글에 따르면 여기 있는 모든 게 바로 당신이 이 방을 떠나기 위해 필요한 것들이에요.

빨간 미라 관을 선택한다면 39쪽으로 가세요.

파란 미라 관을 선택한다면 91쪽으로 가세요.

당신이 맞춘 시각이 정확해요! 멈춰 있던 시계가 다시 똑딱거리며 움직이기 시작했어요.

🔘 10쪽으로 가세요.

당신은 Y 그릇을 선반에서 내려 밀가루를 부으려고 안을 들여다봤어요. 그랬더니 한 줄로 늘어선 반짝이는 하얀 눈들이 당신을 노려보지 뭐예요! 으악! 거대한 독거미예요! 그때 어디선가 크게 개 짖는 소리가 나서 당신은 얼떨결에 그릇을 깨뜨렸어요. 깨진 그릇에서 기어 나온 거미도 싱크대 뒤로 성큼성큼 달아났어요.

당신은 그릇을 잘못 골랐어요! 당신이 상상한 자는 30cm이니 Y 그릇의 지름은 30cm의 반이지요.

아래 그림처럼 지름은 원 위의 두 점을 원의 중심을 지나게 이은 선분이고, 지름의 길이는 반지름의 길이의 2배예요. 이는 곧 원의 반지름은 지름의 절반이라는 걸 뜻하지요. 따라서 Y 그릇의 지름이 15cm이므로 반지름은 7.5cm예요.

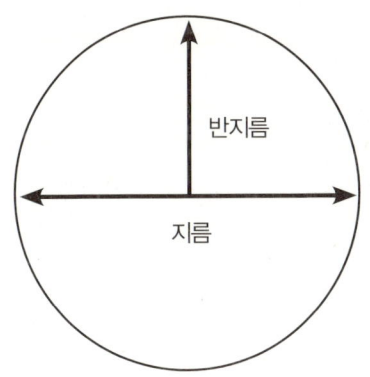

 65쪽으로 가세요.

2월의 손잡이를 당겨 문이 열린 방은 비어 있었어요. 탁자의 전등 바로 옆에 편지가 놓여 있었지요.

수사관에게

저는 도둑이 숨어 있는 곳을 추적해 왔습니다. 그들은 '1년의 날 수'라는 문 뒤 지하 공간에 숨어 있습니다. 계단을 내려가면서 계단 수를 주의 깊게 세십시오. '윤년'이라는 문은 위험합니다. 서두르십시오!
지금 저는 당신의 도움이 필요합니다!

당신의 친구가

당신은 가능한 빨리 계단을 뛰어 내려가면서 계단 수를 세었어요. 360, 361, 362······.

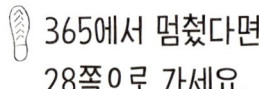 365에서 멈췄다면 28쪽으로 가세요.

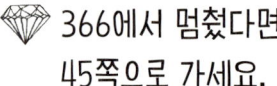 366에서 멈췄다면 45쪽으로 가세요.

맞았어요. 바닥 문이 부드럽게 열리자 어두운 구멍이 드러났어요. 당신은 눈이 어둠에 익숙해질 때까지 가만히 구멍을 들여다보았지요. 그곳에는 아래로 내려가는 철 사다리가 있었어요.

 18쪽으로 가세요.

당신은 A 삼각형을 눌렀어요. 그러자 벽난로의 불꽃이 어마어마하게 커지더니 마구 솟구쳤지요! 그때 무엇인가 당신의 허리띠를 물어 안전한 곳으로 끌고 갔는데, 형체를 제대로 알아볼 새도 없이 순식간에 사라졌어요. 무엇이었을까요?

당신이 고른 삼각형은 정삼각형이 아니에요. 정삼각형은 세 변의 길이가 같고 세 각의 크기가 같아요. 그런데 A 삼각형은 두 변의 길이와 두 각의 크기만 같군요. ○표시한 변의 길이와 각의 크기는 다른 두 변의 길이와 각의 크기와는 달라요. A 삼각형은 두 변의 길이와 두 각의 크기만 같은 이등변 삼각형이에요.

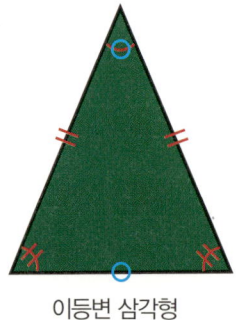
이등변 삼각형

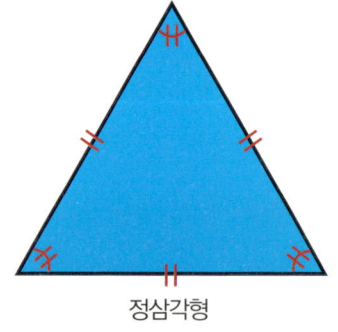
정삼각형

 24쪽으로 가세요.

원기둥 모양의 양념 통을 흔들어서 뿌렸더니 하얀 가루가 나오는 게 아니라 시커먼 가루가 나왔어요. 원기둥 양념 통에 들어 있는 것은 소금이 아니라 후추였지요. 하지만 보통 후추가 아닌 모양이에요. 엄청나게 매운 후추로군요! 눈에서는 눈물이 나고, 코에서는 콧물이 흐르고, 입은 부풀어 올랐어요. 먹지도 않았는데 말이에요. 당신은 머리가 폭발할 것만 같아요! 눈물 콧물로 범벅이 되어 앞도 못 보고 있는데 무엇인가 당신을 싱크대로 밀어 넣었어요. 당신은 생각할 틈도 없이 싱크대에서 물을 틀어 후추를 씻어 냈지요. 괜찮아질 때까지 흐르는 수돗물에 머리를 들이대고 있었어요.
원기둥은 옆면으로 눕혀 굴리면 일직선으로 쭉 멀리까지 굴러가요.

 26쪽으로 가세요.

당신은 2번 길을 따라갔어요. 그런데 길을 따라 가면 갈수록 점점 더 추워졌지요. 그러다 도착한 문에는 '얼음 저장고'라고 쓰여 있군요.

당신은 문을 열고 안을 둘러봤어요. 평범한 방처럼 보이는데, 벽과 천장은 얼음으로 뒤덮여 있고 군데군데 고드름도 맺혀 있어요. 그때 갑자기 문이 쾅 하고 닫혀 버렸어요. 열쇠가 돌아가고 찰칵 문 잠기는 소리가 났지요! 이렇게 추운 곳에 갇혀 버렸으니 이제 곧 얼어 죽게 되겠지요!

당신이 한참 절망하고 있는데 문 너머에서 뭔가를 뒤지며 찾는 소리가 들렸어요. 열쇠가 바닥에 떨어지는 듯한 쨍그랑 소리가 나더니 열쇠가 슥슥 문 아래쪽으로 밀려 들어왔어요. 얼른 달려가 열쇠를 문고리에 밀어 넣었어요. 열쇠는 문을 열 수 있는 열쇠였고, 당신은 무사히 도망칠 수 있었지요! 당신은 다시 실을 찾아서 되돌아갔어요.

당신은 잘못된 길을 선택했어요. 두 길이 평행이라면 이 두 길은 같은 거리를 유지하며 절대 만나지 않아요.

 54쪽으로 가세요.

 당신은 B 삼각형에서 손자국을 발견하고는 확신에 차 그것을 꾹 눌렀어요. 그랬더니 벽난로 오른쪽에 있던 무거워 보이는 책장이 소리 없이 스윽 열렸지요. 비밀의 문인가 봐요. 문 뒤에는 숨겨진 공간이 있군요. 당신은 첫 번째 단서를 잘 찾아냈어요!

 50쪽으로 가세요.

어? 빵 하나를 들어 무게를 가늠해 보니 빵 치고는 무겁게 느껴졌어요. 당신은 빵을 반으로 쪼갰지요. 그랬더니 그 안에서 목걸이가 나오지 뭐예요! 당신은 다른 빵도 들어서 무게를 가늠해 보았어요. 다른 빵도 그냥 빵 무게로 보기에는 무거웠어요. 도둑은 보석을 빵 속에 숨겨 놓았군요!

그때였어요. 복도에서 발자국 소리가 이쪽으로 점점 다가와요. 도둑이 돌아오나 봐요. 당신은 재빨리 쪼갠 빵을 다른 빵 속에 숨겨 놓았어요. 당신이 숨을 만한 곳을 찾는데 마침 저쪽에 커다란 찬장이 있군요. 당신은 찬장 안으로 들어가기 전에 서둘러 바닥에 밀가루를 흩뿌려 놓았어요.

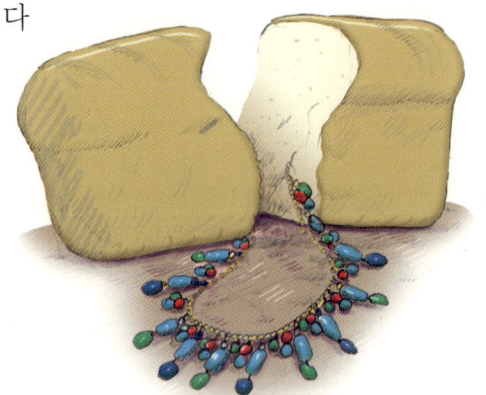

123쪽으로 가세요.

모두 미로 저택에서 도둑맞은 진짜 그림이었어요!

당신은 그림을 끌어안고 보일러실에서 나왔어요. 그런데 묵직한 발걸음 소리가 점점 다가오고 있어요. 아! 어느 길로 가야 할까요? 그때 벽을 긁는 소리가 들리더니 숨겨져 있던 문이 조용히 열렸지요. 당신은 조금 두려웠지만, 얼른 그 문으로 뛰어 들어갔어요.

그곳은 귀한 중국 도자기, 은 접시와 희귀한 촛대로 가득한 작은 방이었어요. 저택의 보물을 보관하는 비밀 방인 것 같아요. 그림을 숨기기에 딱 좋은 곳이군요.

당신은 비밀 방의 빈 공간에 끌어안고 있던 그림을 조심스레 내려놓고 차곡차곡 쌓았어요. 저택에서 사라진 그림을 찾아 안전한 곳에 옮겼더니 이제 좀 안심이 되는군요.

"으아악!"

찢어지는 비명 소리에 당신은 깜짝 놀랐어요. 아마 보일러실에 들어가 그림을 찾던 도둑이 그림이 사라졌다는 걸 알아챈 모양이에요. 조금 후 소리를 지른 도둑이 어딘가로 돌아가는 발자국 소리가 들렸지요. 발소리만으로도 무척 화가 났다는 걸 알 수 있었어요.

💎 72쪽으로 가세요.

당신이 50g 무게의 추를 올려놓고 밀가루를 붓자 저울이 갑자기 휙 하고 기울어졌어요. 급작스런 사태에 당황했지만 당신은 저울을 살폈어요. 누군가 프라이팬에 실을 연결해 두었군요!

저울에 연결되어 있던 실은 선반의 기름 항아리를 오븐으로 떨어뜨려 산산조각 냈어요. 항아리에 담긴 기름이 쏟아지고 기름에 불이 붙었어요! 기름에 붙은 불은 물을 부어 끄면 안 돼요. 더 멀리 퍼지기 때문이지요!

그때 어디선가 나는 개 짖는 소리에 당신은 소리 나는 쪽으로 눈길을 돌렸고, 오븐 옆에 있는 방화용 담요를 발견했지요. 당신은 재빨리 담요를 펼쳐서 불꽃에 덮었고, 곧이어 불길이 잡혔어요.

1kg은 1000g이에요. 그러므로 0.5kg은 50g이 아니라 500g이지요.

 40쪽으로 가세요.

A 양탄자를 말아 접었어요. 갑자기 이상한 연기가 바닥에서 피어오르더니 당신은 의식을 잃고 쓰러지고 말았지요. 희미한 의식 속에서 이상한 것이 나타나 양탄자를 원래 자리로 밀어 놓는 것 같았어요. 그리고 나서 축축한 혀가 당신의 얼굴을 핥았지요. 덕분에 몽롱한 상태였던 당신은 정신을 차릴 수 있었어요.

당신이 선택한 A 양탄자는 단서 내용과 다른 양탄자예요. 둘레의 길이는 도형을 둘러싸고 있는 모든 부분의 길이를 더한 것이에요. 아래의 그림은 양탄자의 둘레 길이를 계산하는 방법을 보여 주지요. 이 방법으로 B 양탄자의 둘레를 계산해 보면 왜 틀렸는지 알 수 있을 거예요.

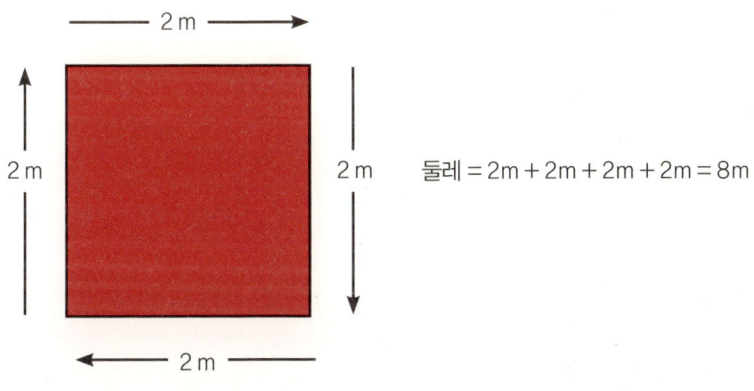

둘레 = 2m + 2m + 2m + 2m = 8m

 36쪽으로 가세요.

틀렸어요! 시계에서 큰 바늘은 분을 나타내고 작은 바늘은 시간을 나타내지요. 작은 바늘은 숫자 9에 있고 큰 바늘은 시계판의 $\frac{1}{4}$인 숫자 3을 가리키고 있으므로 15분이 지난 9시예요. 우리는 한 시간을 60분으로 나누어 시간을 이야기해요. 즉 60분의 $\frac{1}{4}$은 15분이므로 집주인의 침실에 있던 시계가 멈춘 시각은 9시 15분이라고 읽어요.

 96쪽으로 가세요.

당신이 2월의 손잡이를 당기자 문이 열렸어요. 열린 문 안쪽 문고리에는 이런 메모가 걸려 있었지요.

> 30일인 달은 4월, 6월, 9월, 11월.
> 나머지는 31일.
> 2월은 28일.
> 윤년에만 29일.

당신은 도둑을 만날 준비가 되었어요. 영리한 개 바키메데스도 당신 옆에 꼭 붙어 있으니까요.

 102쪽으로 가세요.

당신은 왼쪽으로 돌아 계속 걸어갔어요. 그런데 갑자기 전구 불빛이 빠르게 깜박이다가 꺼져 버렸어요! 당신은 아무것도 보이지 않는 어둠 속에 서 있게 되었지요. 그리고 왠지 앞쪽에서 낮게 으르렁거리는 소리를 들은 것 같아요. 그리고 곧 그게 진짜로 당신 앞에서 으르렁거린다는 걸 알게 됐어요. 두 개의 녹색 눈이 어둠 속에서 쑥 떠올랐거든요. 헉! 무엇일까요?

그때 당신 뒤에서 크게 '컹컹!' 하고 짖는 소리가 들렸고, 녹색 눈은 휙 사라져 버렸어요.

당신은 돌아서서 실을 따라 처음 지점으로 다시 돌아왔어요. 그러자 불이 다시 켜졌지요.

왼쪽으로 돌면 반시계 방향으로 도는 거예요. 시계를 떠올려 보세요. 시곗바늘이 숫자판을 차례대로 움직여 가는 방향이 시계 방향이고, 그 반대로 도는 게 반시계 방향이에요. 시계 방향은 오른쪽으로 가야 해요.

 63쪽으로 가세요.

당신이 원기둥 모양 양초를 선반에서 꺼내자 곧 선반에 있던 모든 양초의 심지에 불이 붙었어요. 양초는 녹아내리고, 불꽃은 퍼져 나가고, 작은 창고는 점점 더 뜨거워졌지요. 당신은 급히 주변을 살폈고, 구석에 놓여 있는 모래 양동이가 눈에 띄었어요. 당신은 불꽃을 잡기 위해 불이 난 곳에 모래를 뿌렸어요.

당신이 고른 양초는 편지에서 말한 양초가 아니에요. 원기둥 모양은 양쪽 끝에 원으로 된 두 개의 평행한 면을 가지고 있거든요.

 44쪽으로 가세요.

당신은 오른쪽으로 돌아 계속 걸어갔어요. 오른쪽 길로 깊숙이 들어갈수록 점점 추워지고 눅눅해졌고, 어느새 당신은 몸을 움츠린 채 오들오들 떨고 있었지요. 그때 당신의 발을 스치
면서 뭔가 떼를 지어 후다닥 지나갔어요. 스쳐 지나간 것이 무엇인지 알아보려고 자세히 살펴본 순간! 끄아악! 수백 마리는 될 듯한 쥐 떼가 길에 가득했어요! 당신이 쥐 떼를 알아보자 쥐 떼도 당신이 혼자라는 걸 알아봤지요. 그 순간, 쥐 떼는 당신의 물어뜯으려고 막 달려들려 해요.

당신이 쥐 떼의 공격에 대비해 잔뜩 긴장하고 있을 때였어요. 덩치 큰 것이 쥐 떼 사이로 뛰어들어 시끄럽게 짖어 댔어요. 그러자 쥐 떼는 흔적도 없이 사라졌어요.

당신은 길을 잘못 들었어요. 수직은 '직각의 또는 90도의'라는 뜻이에요. 당신은 지금까지 풀고 온 실을 따라 시작 지점으로 돌아가야 해요.

 34쪽으로 가세요.

당신이 유리로 된 삼각뿔을 들어 올리자 유리 삼각뿔이 웅웅 소리를 내며 마구 흔들렸어요. 그러더니 삼각뿔이 점점 더 뜨거워졌지요. 그런데도 당신은 유리 삼각뿔을 손에서 놓을 수가 없어요! 삼각뿔 모서리에서는 따끔따끔 불똥이 튀고, 당신은 온몸이 덜덜 떨렸어요. 그때 무엇인가 큰 것이 가로질러 오더니 훌쩍 뛰어올라 당신의 손에서 삼각뿔을 떨어뜨렸어요. 그러자 삼각뿔은 빛이 흩어지듯이 산산조각이 나 폭발해 버렸지요.

당신은 고대 도형을 잘못 골랐어요. 편지에 쓰인 고대 도형의 특징은 면이 5개이고 모서리가 8개인데, 당신이 고른 삼각뿔은 면이 4개이고 모서리가 6개예요.

 82쪽으로 가세요.

맞았어요. 당신은 노트에 '남서쪽'이라고 적은 다음 사각뿔 피라미드를 구멍에서 빼낸 뒤 미로 저택의 중앙홀로 향했어요.

42쪽으로 가세요.

1월의 손잡이를 당기자 손잡이가 휙 떨어져 나가더니 문이 마구 흔들려요. 그러더니 순식간에 한쪽 모서리에서 연기와 불꽃이 뿜어져 나와요. 당신은 재빨리 손잡이를 원래대로 돌려놓았어요.

1월은 며칠일까요? 2월은 며칠일까요?

💎 22쪽으로 가세요.

당신은 안내문의 지시 사항대로 하지 않았어요. 아래 그림처럼 원래 손잡이 모양에서 당신이 선택한 모양으로 돌리면 절반만 돌린 거예요. 그것은 180도이지요!

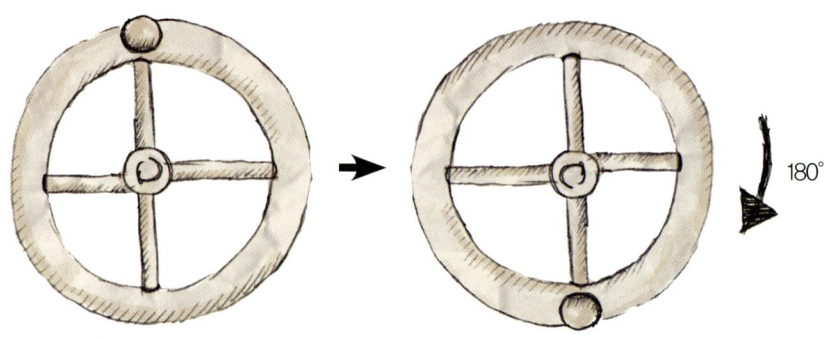

파이프가 흔들리며 여기저기에서 끼익 소리가 났어요. 당신은 잘못됐다는 것을 알아차리고 있는 힘껏 나머지 절반을 돌렸어요. 그렇게 하면 360도가 되니까요. 보일러의 압력이 떨어지기 시작했어요.

 30쪽으로 가세요.

찬장에 숨은 당신은 숨을 죽이고 도둑의 발소리를 가만히 들었어요. 발소리의 주인은 식품 저장고에 잠시 머물다가 다른 곳으로 가는 것 같아요. 다행히 도둑은 쪼개진 빵을 발견하진 못한 모양이에요. 당신은 발자국 소리가 멀어질 때까지 그대로 있었어요.

 25쪽으로 가세요.

방에는 세 사람이 있었어요. 남자는 서 있고, 여자는 앉아 있었지요. 또 다른 남자는 의자에 묶여 있었고요. 그런데 서 있는 남자와 묶여 있는 남자는 꼭 쌍둥이 같아 보여요. 서 있는 남자와 앉아 있던 여자는 좀 놀란 눈치였지요. 그걸 숨기려고 남자는 억지로 미소 지어 보이며 이렇게 말했어요.

"와 주셔서 고맙습니다. 저는 이 저택의 주인이고, 이 사람은 우리 집 요리사입니다. 우리가 도둑을 잡았습니다. 여기 묶여 있는 이 사람은 우리 집 집사입니다. 그가 저처럼 변장을 했더군요."

요리사가 미소를 짓는데 이가 하나 빠져 있어요!

"도둑이 도망가려고 해서 묶어 놓았어요. 당신이 그를 지키고 있으면 우리가 경찰을 불러 올게요!"라고 요리사 여자가 말하자, 의자에 묶인 남자가 말했어요.

"이 사람들 말 듣지 마십시오. 제가 이 저택의 주인이고, 지금까지 편지를 남긴 사람도 바로 저입니다. 저처럼 변장한 자가 우리 집 집사입니다."

누구를 믿어야 할까요? 그때 당신은 그동안 수집해 온 단서를 떠올렸어요. 당신은 두 남자에게 한 손을 내밀고 신발을 벗어 보라고 했어요. 다음 그림이 당신이 본 것이지요.

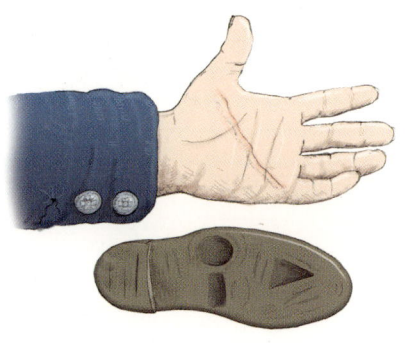 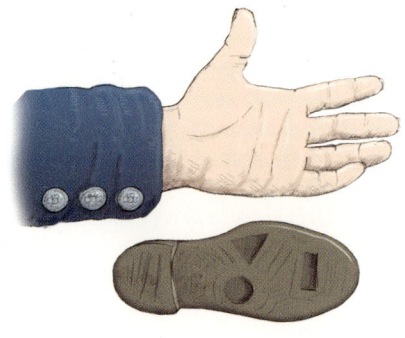

서 있는 남자　　　　　　　　　앉은 채 묶여 있는 남자

 서 있는 남자가 진실을 말한다면 57쪽으로 가세요.　　 앉은 채 묶인 남자가 진실을 말한다면 90쪽으로 가세요.

용어 설명

각

각은 회전한 정도를 나타낸다.

한 바퀴를 돌면 360도이다.   반 바퀴를 돌면 180도이다.

$\frac{1}{4}$ 바퀴는 90°이고, 이것을 직각이라 부른다.

두 직선 사이의 각은 한 직선을 다른 직선과 같은 방향을 향하도록 회전시킨 양이다.

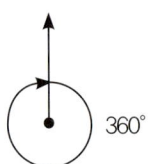 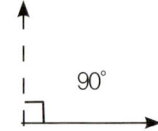

예각은 90°보다 작다.   둔각은 90°보다 크고 180°보다 작다.

넓이

넓이는 도형이나 물체의 겉면적의 크기를 뜻한다. 모눈 칸에 도형을 그리면 그 안에 들어가는 모눈 칸의 개수를 세어서 넓이를 나타낼 수 있다.

도형의 넓이=8cm²

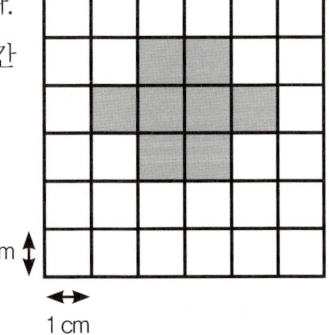

방위

우리는 방향을 나타낼 때 나침반의 방위를 사용한다. 나침반 바늘은 항상 북쪽(N)을 가리키고 다른 기본 방향으로는 남쪽(S), 서쪽(W), 동쪽(E)이 있다. 기본 방향 사이의 중간 지점은 북서쪽(NW), 북동쪽(NE), 남서쪽(SW), 남동쪽(SE)으로 나타낸다.

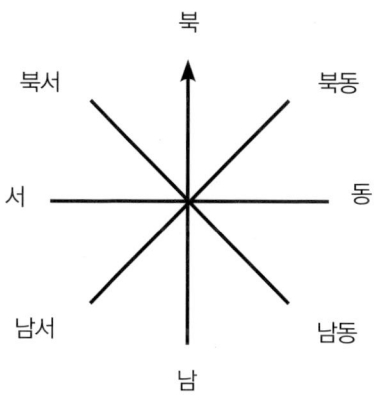

선

선은 직선 또는 곡선으로 넓이가 없는 도형이다.

직선은 두 공간 사이의 가장 짧은 거리를 나타낼 수 있다.

평행선은 같은 방향으로 확장할 수 있다. 평행선 사이의 거리는 항상 일정하고 평행선은 절대로 만나지 않는다. 마치 기찻길의 두 선로와 같다.

수직선은 직각으로 만나는 선을 의미한다.

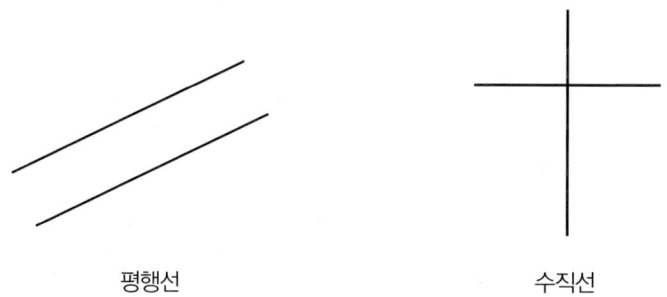

시간

시간은 어떤 일이 일어나는 것 사이의 간격을 측정한 것을 의미한다. 예를 들면 텔레비전 프로그램의 시작과 끝의 사이 간격, 이번 생일과 다음 생일 사이의 간격 등을 시간이라고 한다.

시간은 초, 분, 시간, 일, 주, 월, 년으로 셀 수 있다.

60초=1분

60분=1시간

24시간=1일

365일=1년(윤년에는 366일)

시간의 흐름을 표시하기 위해 시계를 사용한다.

원

원은 완전한 평면 도형이다. 원의 둘레에 있는 모든 점은 중심으로부터 같은 거리에 있다. 중심부터 원의 가장자리까지의 거리가 반지름이다. 지름은 원에서 중심을 지나는 직선거리를 의미하는데 지름은 반지름의 두 배이다. 원주는 원의 둘레를 뜻한다.

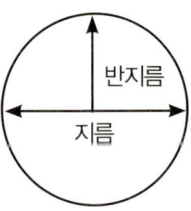

입체 도형

입체 도형은 3차원의 도형으로 길이, 너비, 높이의 길이를 갖는다. 구, 원뿔, 원기둥, 정육면체, 각뿔이 입체 도형에 속한다.

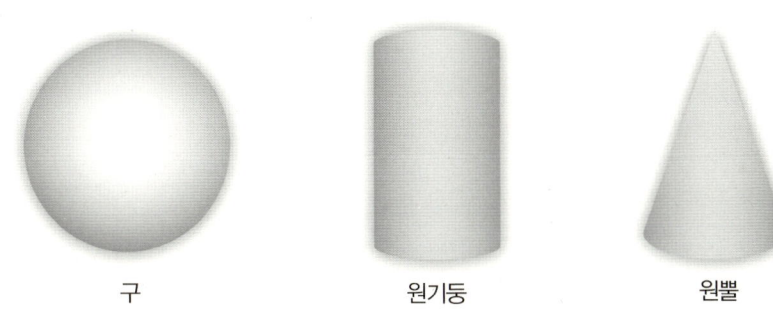

모서리에 직선이 포함되어 있는 입체 도형은 다면체라고 부른다. 정육면체는 모든 모서리와 각의 크기가 같은 다면체이고 8개의 모서리와 6개의 면을 가지고 있다. 몇 가지 다른 다면체의 이름과 특성이 아래 표에 나와 있다.

도형	면의 수	모서리의 수
정육면체	6	12
삼각기둥	5	9
오각기둥	7	15
삼각뿔	4	6
사각뿔	5	8

전개도

전개도는 입체 도형을 2차원으로 나타낸 그림을 뜻한다. 카드에 전개도를 그려서 잘라 접으면 3차원의 도형을 만들 수 있다.

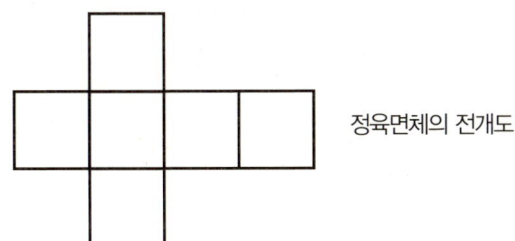

정육면체의 전개도

좌표

좌표는 그래프나 모눈 또는 지도에서 점의 위치를 나타내는 숫자나 문자이다. 첫 번째 숫자나 문자는 수평 축의 위치를 의미하고 두 번째 숫자나 문자는 수직 축의 위치를 의미한다.
오른쪽 모눈에 나타난 점의 좌표는 D, 4이다.

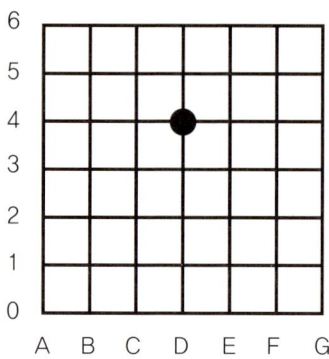

측정값

측정값은 우리 주변 물체의 양이나 성질을 말해 주는 수를 뜻한다. 몸무게와 키는 우리 몸에 대해 여러 가지 정보를 말해 주는 측정값이다. 또 다른 측정값으로는 부피, 시간, 넓이, 온도 등이 있다.

질량은 g과 kg으로 나타내고 1000g은 1kg이다.

길이는 mm, cm, m, km로 나타내고, 10mm는 1cm, 100cm는 1m, 1000m는 1km이다.

평면 도형

평면 도형은 종이에 그릴 수 있는 납작한 도형을 의미한다. 평면 도형은 2차원이고 삼각형, 원, 사각형이 평면 도형에 속한다. 직선으로 만들어진 평면도형은 다각형이라고 부른다. 다각형은 모서리의 개수에 따라 이름이 지어진다. 이때 모든 모서리의 길이가 같고 모든 각의 크기가 같으면 정다각형이라고 부른다.

몇 개의 평면 도형과 그 특성이 아래 표에 나와 있다.

도형	이름	변의 개수	특별한 성질
△	이등변삼각형	3	두 변과 두 각의 크기가 같다.

	정삼각형	3	세 변과 세 각의 크기가 같다.
	정사각형	4	네 변의 길이가 같고 네 각의 크기가 모두 직각으로 같다.
	직사각형	4	마주 보는 변의 길이가 같고 모든 각이 직각이다.
	사다리꼴	4	한 쌍의 마주보는 변이 평행이다.
	오각형	5	꼭짓점과 변이 각각 5개씩 있다.
	육각형	6	꼭짓점과 변이 각각 6개씩 있다.
	팔각형	8	꼭짓점과 변이 각각 8개씩 있다.

수학 두뇌 계발 게임 MATHS QUEST
미로 저택의 비밀

초판 1쇄 인쇄 2014년 2월 14일
개정판 1쇄 발행 2019년 3월 18일
개정판 12쇄 발행 2023년 11월 30일

글 데이비드 글러버   그림 팀 허친슨   옮김 어린이를 위한 수학교육연구회
발행인 양원석   발행처 (주)알에이치코리아(등록 2004년 1월 15일 제2-3726호)
주소 서울시 금천구 가산디지털2로 53, 20층(한라시그마밸리)
편집 문의 02-6443-8921   도서 문의 02-6443-8800   홈페이지 rhk.co.kr
블로그 blog.naver.com/randomhouse1   포스트 post.naver.com/junior_rhk
인스타그램 @junior_rhk   페이스북 facebook.com/rhk.co.kr

ISBN 978-89-255-6590-3 (74410)
ISBN 978-89-255-6594-1 (세트)

※ 제조자명 (주)알에이치코리아 | 제조국명 대한민국 | 사용연령 8세 이상
※ 종이에 손이 베이거나 모서리에 다치지 않게 주의하세요.
※ 잘못 만들어진 책은 구입하신 곳에서 바꾸어 드립니다.